KB220879

뿌리에서 꽃을 보다

초기불교 수행으로 닙바나를 증득하라

뿌
리
에
서

꽃
을
보
다

김 정 희

푸른향기
Prunhyek Publishing Co.

출가 수행자들만 해탈을 성취하는 것이 아니다.

세속에 살면서도 마음속의 족쇄와 장애를 이기고

고결하게 살아가는 재가 불자들이 있다.

이들 가운데 세 번째 성위 불환과를 성취한 이들이 많으니라.

그들이 다시는 이 사바세계에 돌아올 일이 없을 것이다.

(맛지마 니까야 73)

한 번 상상해봤습니다. 만약 시대를 초월해서 기원정사에 계시던 붓다께서 지금 우리 곁에 오신다면 '어떤 말씀을 하실까? 어떤 가르침을 주실까?' 하고요. 붓다께서는 너무도 발전한 불교를 보시고 침묵하실지도 모르겠습니다. 그러나 이것이 불교라면 한 가지는 확인해 보실 것 같습니다.

'닙바나(열반)를 증득하고 있는가?'

붓다의 가르침은 닙바나를 증득하는 법이기 때문입니다.

이 법은 인류가 발견한 가장 소중한 진리입니다. 인간이 궁극적 행복을 실현할 수 있는 유일한 방법이기 때문입니다. 이 법을 실행하는 것이 불교의 수행입니다. 누구나 수행을 할 수 있으며, 닙바나를 증득할 수도 있습니다. 아무리 문명이 발달하고 번잡한 시대를 살아도 불교의 수행은 변함없이 닙바나의 증득으로 우리들의 마음을 정화하고 행복하게 살도록 합니다.

붓다와 제자들은 글을 쓰지 않았습니다. 그들이 사용한 말로 추정되는 빠알리어는 문자가 없습니다. 서로 만나 몇 마디 대화를 나누고 각자 조용한 곳으로 가서 혼자 수행을 했습니다. 그렇게 해서 수많은 제자들이 닙바나를 증득하고 성자가 되었습니다. 지금 세계의 불교학자들은 이런 일들을 면밀히 연구해서, 붓다가 직접 제자에게 가르친 내용이 어떤 것인지 정확히 밝혀놓고 있습니다. 따라서 세계 불교는 초기불교로 돌아가, 붓다와 그의 제자들이 수행했던 것과 같이 사성제를 닦아 선정과 닙바나를 증득하는 길로 가고 있습니다.

불교의 근본으로 돌아가 붓다와 문답을 통해 단순하고 쉬운 가르침을 직접 받았던 제자들처럼 오롯이 수행을 하면, 누구나 닙바나를 증득할 수 있습니다. 이런 사람이 많아야 인류가 지향하는 이상사회인 불국정토가 될 수 있습니다. 우리 모두 불교의 뿌리인 초기불교 수행을 열심히 해서 닙바나라는 불교의 꽃을 피워봅시다.

| 차 례 |

2부 뗏목을 만들었으면 강을 건너라

님바나, 반드시 이번 생에 이루어야 할

불교가 어려우면 근본으로 돌아가 뿌리를 살펴보라.

불교의 뿌리인 초기불교 수행으로 닙바나라는 불교의 꽃을 피워보라.

1부

뿌리에서 꽃을 보라

우리는 지금 어디로 가고 있는가?

붓다께서는 닙바나를 "와서 보라."고 하셨다.

닙바나에 이르는 정신적인 과정은 마치 굼벵이가

번데기가 되었다가 나방이 되듯 비약적으로 진화한다.

닙바나는 우리가 모든 괴로움을 벗어나 맑고 밝게 궁극적으로

행복한 삶을 살 수 있는 빛나는 길이다.

왜 불교를 하는가?

불교의 목적을 한마디로 말하면 닙바나(涅槃, nibbāna)를 증득하는 것이라고 할 수 있다. 그러면 불법수행은 닙바나를 성취하기 위한 수단방법을 실행하는 것이 된다. 우리는 닙바나를 보고 늙음, 죽음, 번뇌, 장애 등 모든 괴로움으로부터 벗어나기 위해 불법수행을 한다.

붓다께서는 닙바나를 "와서 보라."고 하셨다. 닙바나는 아득히 먼 이상으로만 있는 것이 아니라 현실에서 괴로움을 벗어나 행복하게 사는 방법이다. 그러므로 불자는 닙바나로 가는 것을 목적으로 수행을 해야만 한다. 닙바나를 향해 가지 않는 불자는 붓다의 가르침대로 따르지 않는 것과 같다.

현재의 삶을 닙바나로 살고자 현법열반(現法涅槃)을 추구하는 수행자가 진정한 불자다. 초기불교에서는 닙바나를 증득해야만 사쌍팔배(四雙八輩, 예류 또는 수다원, 일래 또는 사다함, 불환 또는 아나함, 나한 또는 아라한의 도와 과를 증득한 성자)의 붓다제자가 되었다. 그들은 지금 여기서 도와 과를 증득하기 위해 붓다의 가르침대로 자신의 모든 역량을 다해 열심히 수행했다. 그래서 그 시대에 수많은 성자들이 속출하게 되었다. 일찍이 출가한 라훌라 존자는 불과 20세에 아라한이 되었다고 한다. 도와 과를 빨리 얻으면 일찍부터 괴로움에서 벗어나 성스런 삶을 생명기능이 다할 때까지 살 수 있다.

닙바나를 보는 방법은 특별한 방편이나 비법으로 하는 것이 아니다. 붓다께서는 주먹 속에 감추어 둔 것과 같은 비밀히 전할 것이 없다고 말씀하셨다. 니까야를 보면 제자들에게 닙바나에 대한 가르침을 자세하게 모두 말씀해 주신 것을 알 수 있다. 그렇게 설해 주신 것을 정확히 이해하고 그 방법대로 수행하면 우리도 닙바나를 볼 수 있을 것이라는 믿음을 가질 수 있다.

이런 닙바나에 대해 오해와 호도를 하지 말아야 한다. 닙바나를 말하는 것은 실현 불가능한 일을 말하는 것이 아니다. 수행자의 금기를 깨는 일도 아니고 불손한 행위는 더욱 아니다. 닙바나를 말하는 것은 불자가 알고 닦아야만 할 불교의 정수를 이야기하는 것이다. 불법수행자로서 닙바나를 이야기하고, 닙바나로 가는 수행을 하고, 닙바나를 증득하는 것 말고 더 중요한 일이 어디에도 있을 수 없다.

이렇게 진솔하게 말할 수 있는 것은 증득한 진실을 공유하기 위한 회향의 방법도 될 수 있기 때문이다.

붓다의 가르침대로 오직 수행만이

납바나는 지식이나 학문으로 볼 수 있는 것이 아니고, 오직 수행으로 증득해야만 된다. 납바나를 얻기 위해서는 수행을 효과적으로 해야 한다. 경전을 쌓아놓고 읽고 외우는 것만으로는 증득할 수 없다. 스리랑카의 한 종단의 종정이라는 삼장법사에게 물어봤다. 삼장법사면 성자인지 궁금하다고 했더니, 자기도 '수행을 해야 아리야(聖者, āriya)가 될 수 있기 때문에 수행을 하러 왔다.'고 하는 것을 같은 명상센터에서 수행하다가 직접 들은 바도 있다.

납바나를 얻는 길은 지름길이 있지 않는 것 같다. 한두 가지 테크닉이나 편법을 가지고 이루기는 어렵다. 붓다가 가르쳐주지 못했던 방법을 조사나 종사가 만들어 가르치는 쉬운 방편이 있다면 잘 살펴봐야 한다. 붓다께서 설하신 것보다 쉽게 갈 수 있는 지름길이 있다면, 그런 길을 천상과 인간의 스승이신 붓다께서 모르셨을 리 없고, 그런 길을 아시고도 제자들에게 가르쳐주지 않으셨을 리가 없다. 불교사를 돌아보면 여러 갈래의 지름길이라는 것이 있었지만 그 길들은 닙바나라는 목적지로 지향하지 못했던 사실을 확인할 수 있다. 그러므로 붓다께서 가르치신 수행법보다 더 좋은 방법이 불법에는 없다고 봐야 할 것이다. 우리에게 가장 효과적인 수행법은 붓다의 가르침대로 사마타와 위빠사나를 체계적으로 닦는 것이다. 이 정통 붓다의 수행법으로 닦으면 반드시 도와 과를 체득할 수 있다는 확신을 가질 필요가 있다.

한 번 닙바나를 보고 성스런 흐름에 들어 첫 번째 성과인 수다원이 되면 다시는 퇴보 없이 향상일로(向上一路) 한다. 늦어도 일곱 생 내에 아라한이 될 수 있다고 한다.

사마나(沙門, samana, 진리를 찾는 수행자), 또는 비구는 오직 닙바나를 빨리 얻기 위해 모든 것을 제쳐두고 최선을 다하는 사람이다. 이 수행에는 승속이 따로 없다. 오직 정법수행으로 닙바나를 향해 정진하는 수행자가 있을 뿐이다.

우리는 지금 닙바나를 보고 있는가? 우리는 지금 닙바나로 가고 있는가? 혹은 지금 닙바나로 가지 못한다면 무엇을 하고 있는가? 그러면 어디로 가고 있는가? 이런 물음에 불자는 바르게 대답을 할 수 있어야 한다. 만약 닙바나로 가는 길과 멀어진 어디에 있다면 세속의 욕망 채우기 놀음이나 하는 기복신앙으로 전락하지나 않았는지, 그러면서 불사를 한다고 부산을 떨고 있지나 않는지 돌아볼 필요가 있다. 불사는 붓다께서 평생 하신 일과 같이 해야 한다. 붓다께서는 돌아가실 때까지 수행자들이 닙바나를 증득하도록 가르치는 일을 하셨다. 따라서 불사를 많이 한다는 것은 닙바나를 보는 불자가 많이 나온다는 뜻이다. 불법에 닙바나를 대신할 가치는 어디에도 없다.

사람은 누구나 기능을 가지고 있다. 기능(indriya, 22가지 기능 : 6근과 믿음, 정진, 마음챙김, 선정, 지혜 등)을 잘 사용하여 수행하는 사람은 닙바나에 이를 수 있다. 기능이 있다는 것은 불법을 깨닫고 수행하면 닙바나를 증득할 수 있는 자질이 있다는 것이다. 그것을 확대 왜곡해서 자신이 직접 닦아서 닙바나를 볼 생각을 않고, 붓다가 깨달아 놓았으니 그것을 믿기만 하면 깨달은 것과 같다거나 우리는 원래 다 깨달아져 있어서 붓다로 살면 된다고 하는 사상을 믿는다면 미신과 다를 바 없다. 오직 자기가 수행해서 체득한 경지만이 자기 것이다. 자기가 직접 수행으로 증득해 보면 그런 말에 속지 않을 것이다.

굼벵이가 번데기가 되었다가 나방이 되듯

우리의 이번 생은 닙바나로 진화할 유일한 기회인 줄 알아야 한다. 이 목숨이 하나이듯 기회도 단 한 번 보장받았다. 그러므로 이생에서 닙바나를 봐도 되고 안 봐도 되는 선택의 여지가 있을 수 없다. 반드시 닙바나를 봐야만 하는 소임을 타고났다고 깨달아야 한다. 이렇게 깨달았다면 임무 수행 위주로 살아야 한다. 사람이 죽을 때까지 해야 할 일 중에 이것보다 중한 것은 없는 줄 알아야 한다. 자신이 할 수 있는 이 유익한 일을 하지 않고 다른 일을 하다 죽으면 아무리 재산이나 명성과 업적을 많이 남겨도 근본적으로는 실패한 인생이 될 수밖에 없다.

한평생 훌륭한 일을 많이 하고 살아도 그 사람이 타고난 인격은 변하지 않고 그대로인 채 죽는다고 한다. 이생에서 인격을 향상해야 다음 생을 보다 좋게 받을 수 있는데, 사람들은 대부분 타고난 인격을 그대로 유지한 채 죽는다는 연구 보고를 본 일이 있다. 사람의 인격은 아무리 잘 살아도 변하지 않고 오직 수행으로 마음을 닦아야만 향상할 수 있기 때문이라고 한다.

인간이 할 수 있는 일 중에 가장 가치 있는 것은 닙바나의 증득이라고 한 아인슈타인도 '닙바나는 인류가 할 수 있는 마지막 진화'

라고 말한 바도 있다. 보리수 아래서 닙바나를 발견한 붓다는 그
진화하는 길을 누구나 갈 수 있도록 길 안내자가 되어 자세히 알려
주었다. 우리도 그 길을 붓다의 가르침대로 따라 간다면 선정을 얻
고 지혜를 닦아 반드시 닙바나에 이르게 될 것이다. 다시 말하면
붓다의 가르침대로 사마타 위빠사나 수행을 체계적으로 하면 도와
과를 얻을 수 있다는 말이다. 이와 같은 수행으로 닙바나에 이르는
정신적인 과정은 마치 굼벵이가 번데기가 되었다가 나방이 되듯
비약적으로 진화한다. 굼벵이는 수행자를, 번데기는 선정에 든 상
태를, 나방은 닙바나를 비유해서 한 말이다.

붓다께서는 죽는 것을 열반이라고 설하신 일이 없다. 닙바나는
우리가 모든 괴로움을 벗어나 맑고 밝게 궁극적으로 행복한 삶을
살 수 있는 빛나는 길이다. 따라서 우리의 삶은 닙바나로 가는 도
정이 되어야 한다. 우리 앞에는 두 길이 있다. 세속의 길과 닙바나
의 길이다. 누구도 아름답게 빛나는 궁극적 행복으로 가는 길을 두
고 괴롭고 혼탁한 윤회의 길을 선택할 까닭이 없다.

지금 세계 도처에서 닙바나를 원하는 수행자들이 늘어나고 있다.
그들은 초기불교시대 사마나들처럼 각자 생활수행을 하면서 소규
모 동호인 모임을 만들어 서로 묻고 답하기도 하고, 일정 기간 집

중수행도 진지하게 한다. 말하자면 탈종교시대의 생활이 수행이고, 수행이 생활인 새로운 진리운동이 자연스럽게 일어나고 있는 현상이라고 할 수 있겠다.

  닙바나는 시간과 공간의 한계 저 너머에 있다. 세속적으로 조건 지어져 형성된 것들에서 벗어난 경계다. 새로운 하늘이 열리는 것을 보는 것과 같다. 새 하늘을 보면 새로 태어난 것처럼 마음이 깨끗하게 되어 족쇄와 같은 장애들이 사라진다. 세속의 분별의식 희론(戲論)이 무의미해지고 실존으로 전향되어 궁극적 행복을 누리게 된다. 이렇게 행복한 사람들이 사는 사회가 인류가 지향해야 할 이상사회 불국정토라고 할 수 있다.

  그러므로 수행자는 반드시 닙바나를 이루겠다고 서원하고, 착한 도반들과 함께 열심히 정진해서 이생에서 그 목적을 꼭 성취하여 영원한 행복을 누려야 할 것이다.

도반들과 함께한 겨울 집중수행

"마음이 바로 집중되었습니까? 장애는 없었습니까?"

"접촉점에서 호흡을 보면 빛이 뜨는데 번뇌 같은 것
귀찮게 뭐하려고 일으켜요.
저는 암 수술 받고 죽었다 살아났다 네 번이나 하고 나니
아무 생각도 없어졌어요.
언제 죽을지 모르는데….."

일 년에 두 달은 집중수행을

여름과 겨울 안거 철이면 조용한 곳에서 집중수행을 해보고 싶었다. 그러나 수행을 배운 후 지난 여섯 해 동안 한 번도 안거를 해보지 못했다. 우리나라의 선원에서는 주로 간화선을 하므로, 사마타 위빠사나 수행을 배워서 생활수행을 하고 있는 나로서는 마땅한 곳을 찾지 못했다.

지난 시월 초순에 미국에 사는 인공 거사가 전화를 했는데, 대뜸 집중수행하기 좋은 곳을 알고 있다면서 한 번 찾아오겠다는 것이 아닌가. 인공 거사는 오십대 후반의 나이인데, 미국에서 하던 사업을 정리하고 수행을 하기 위해 다니는 사람이다. 연전에 한 번 만났을 때 내가 "안거를 하고 싶어도 우리나라에서는 마땅한 곳을 찾지 못하고 있다."고 했던 말을 잊지 않고 있었던 것 같다. 지난여름 거창에 있는 한 사마타 위빠사나 선원에서 하동에서 온 노 보살을 봤는데, 조용한 정사를 가지고 있다는 것을 알았다는 것이다. 그런 뒤 지리산 둘레길을 여행하다 그곳을 찾아가봤더니, 소수의 수행자들이 모여 집중수행하기 딱 좋아보였다는 것이었다.

며칠 뒤 인공 거사는 정사의 주인 정덕행 보살과 함께 나를 찾아

왔다. 이 보살도 위빠사나 수행을 배우기 위해 미얀마의 명상센터에서 몇 달 고생했던 경험을 이야기하며, 이번 겨울에 한 철 같이 집중수행을 해봤으면 좋겠다고 했다. 12년 전에 정사를 지어 수행자들을 외호하면서 10년을 살아보았으나 보람을 얻지 못해 지난 두 해는 문을 닫고 혼자 지냈는데, "나이가 일흔을 넘으니 다른 수행자들을 뒷바라지하기도 힘들고, 젊은 시절부터 수행을 해왔지만 아직 이룬 것이 없어 이제는 내 수행이 급하게 되어서 진짜 수행 잘하는 몇 사람만 불러서 같이 하고 싶다."며 진지한 결심을 내보였다.

수행 시작은 좀 늦을 것 같다고 했다. 감을 추수해서 저장하고 김장을 하자면 12월 중순은 되어야 수행을 시작할 수 있을 것 같다고 했다. 그리고 수행기간은 얼마나 했으면 좋을지 나에게 물었다. 나는 마음을 정하지 못하고 "수행준비가 되는대로 일단 시작을 해봅시다."라는 대답으로 넘겼다. 수행처의 사정을 듣기만 해서는 구체적으로 알지 못하므로, 일단 가서 직접 보고 여건에 따라 머물 기간을 판단할 속셈이었다. 마음속에는 두 달 정도 할 수 있었으면 좋겠는데 하는 바람이 있었다. 그것은 재작년에 달라이라마 법회에 참석해서 들은 말을 떠올리고 있었기 때문이었다. 일본 동경에서 사흘 동안 법문을 들었으나 기억에 남은 것은 단 한마디뿐이다.

"일 년에 두 달은 꼭 안거를 하며 혼자 지내는데, 이때가 가장 좋고, 이렇게 이벤트성 법회를 하는 것이 가장 힘들다."

이 말에 공감이 가면서 힘겨워하는 모습이 안타까워 보이기도 했었다. 그 후 나도 '일 년에 두 달은 꼭 집중수행을 해야지.'라고 결심을 하고 있었지만 한 번도 실행은 못했었다.

지리산 끝자락에 모인 여섯 명의 수행자

구랍 보름에 집중수행을 위해 지리산 남쪽줄기의 끝자락에 있는 이 정사를 찾아왔을 때, 이곳 특산물인 감나무에 아직 따지 못한 대봉감이 얼도록 이른 추위가 기승을 부리고 있었다. 추위를 많이 타는 나는 방이 따뜻한지 거듭 물어보면서 정덕행 보살을 따라 정사 건물 뒤 가파른 오르막길을 올라갔다. 백 미터 남짓 올라가니 소나무 숲속에 황토벽으로 된 건물이 나왔다. 산비탈을 깎아서 만든 좁은 터에 길이로 네 칸이 지어져 있었는데, 첫 번째 방을 나에게 쓰라고 했다. 방 안에 들어가니 마른 흙냄새가 났다. 바닥과 벽을 황토로 발라서 그런 것 같았다. 제재를 하지 않은 통나무로 지은 대들보와 서까래가 다 보이는 꾸밈없는 오두막 황토방이었다.

위풍이 있고 대자리를 깐 바닥이 따뜻하지가 않았다. 정덕행 보살은 심야보일러이기 때문에 낮에는 물이 좀 식어서 그렇지 밤 늦게부터는 따뜻할 것이라고 했다. 벽과 바닥은 황토를 발랐지만 천정은 서까래 위에 대나무를 쪼개어 펴고 스티로폼을 덮은 것이 틈새로 보였는데, 좀 부실해 보였다. 짐을 정리하고 전기난로를 꺼내 켰더니 방안 온도를 적당히 맞출 수 있었다.

저녁을 먹고 법당에 모여 준비된 방석에 자리 잡고 앉았다. 인공거사와 정덕행 보살이 봐왔던 수행 잘하는 세 사람도 초청되어 참석했다. 모두 여섯 명이 둘러 앉아 돌아가면서 인사말을 나누었다.

이어서 이번 집중수행에서 내가 해 줄 수 있는 것은 같이 수행하는 것뿐이니, 각자 자기 수행은 자기가 알아서 잘 하도록 하라는 당부를 했다. 실습에 들어가기 전에 사성제를 닦는데, 먼저 사마타 수행으로 선정을 얻어야 하는 목적을 이야기하고 호흡수행하는 요령을 간단히 설명했다. 그리고 들숨날숨을 보는 수행을 시작했다. 보살 세 명은 정덕행 보살을 중심으로 전면 불상을 향해 앉고, 거사 세 명은 보살들을 등지고 창문 쪽으로 돌아앉았다.

두 시간의 좌선을 마치고 나는 내일부터 아침공양은 하지 않고 황토방에서 수행을 하다가 열 한 시에 내려와 점심공양을 하고, 오후와 저녁에는 법당에서 같이 좌선하겠다고 말했다. 그리고 저녁 좌선 마지막 시간에 법담을 나누고 그 외의 시간은 묵언하겠다고 선언했다.

그렇게 일주일이 지나자 내가 호흡명상에 대해 더 설명해 줄 것이 없게 되었고, 수행경력이 많은 사람들이라서 모두 묵묵히 잘하는 것 같아 보였다. 그리고 호흡을 보는데 의문 나는 점을 하루 정진이 끝날 때 간간히 묻기도 했는데, 호흡에 집중만 잘하면 된다고 대답을 해주곤 했다.

빛을 보는 수행자

2주차가 되자 두 사람이 빛이 떴다고 했다. 64세의 경도 거사는 빛이 안정되지 못한 상태였다. 그는 스님처럼 삭발을 하고 있으며 밀양에 암자도 하나 소유하고 있다고 했다. 수행복으로 동방을 걸치고 있으니 모르는 사람이 보면 세납도 그만하여 큰스님으로 착각하기 십상이다. 반승반속이라고 하면 될까? 빛이 아무리 많이 떠도 고정되지 못하면 집중이 제대로 될 수가 없다.

"빛이 움직이는 것은 마음이 움직이기 때문이니까 마음을 고요하게 해야 합니다."

라고 조언을 했으나, 하루 수행이 끝날 때면 그는 이렇게 말하곤 했다.

"오늘도 온탕 냉탕을 왔다 갔다 하는데요."

빛이 뜬 또 한 사람은 그의 부인 명도행 보살이었다.

머리가 하얗게 센 명도행 보살은 빛이 뜨면서 얼굴에서 코 주위에 찌릿찌릿할 정도로 강한 느낌이 모여 든다고 말했다. 좋은 변화이니까 계속 호흡에 집중 잘하라고 당부했다. 이틀 뒤에는 호흡과 빛이 함께 콧구멍으로 들어오는 것이 보인다고 했다. 그래서 호흡이 잘 안 보이고 빛이 잘 보이면 빛을 보라고 말해 주었다. 금요일에 같이 포행을 하다가 빛이 어떤지 물어봤더니, 명도행 보살은 집중이 잘 될 때는 빛이 맑은 저 하늘과 같고 그리로 막 끌려 들어갈 것 같다고 했다. 그러면 아주 잘하고 있는 것이니까 그대로 그 빛에 집중해서 두 시간 세 시간 늘려나가면서 오래 있도록 해보라고 했다. 지금은 오래 집중하는 것이 가장 중요하다고 말해 주었다.

며칠 뒤 명도행 보살은 실망스러운 표정으로 말했다. 자기는 몸에 아픈 곳이 많아서 한 시간 이상 좌선을 지속할 수가 없다고 했다. 그래도 최대한 오래 집중을 유지하도록 노력해서 두 시간은 유지해보라고 타일러 주었다. 병고에 시달리던 중 이번에 여기도 올까말까 망설였다고 한다. 남편이 수행하러 간다고 나서는 것을 보고서야 아파도 여기 와서 앓을 생각으로 따라왔다고 했다. 수행하러 가서 한 번도 아프지 않았던 때가 없었다고 한다. 이번에도 아무 기대도 하지 않고 좀 쉬다가 갈 생각으로 참석해서 우연찮게 내 설명을 듣고 하라는 대로 따라 했더니 이렇게 수행에 진전이 있다고 신기해했다.

그러나 정작 작심하고 집중수행을 준비하느라 애쓴 인공 거사와 정덕행 보살은 진지하게 열심히 하고는 있으나 별 변화가 없었다.

3주차에 명도행 보살이 말했다. 온몸의 세포가 살아나는 것 같고, 목과 허리와 다리에 맺혀있던 장애들이 풀리고, 유방암 수술 후 왼손을 쓰지 못했는데, 그 손으로 설거지도 할 수 있게 되었다는 것이다. 그러고 보니 창백했던 얼굴이 화색이 완연해보이고 환히 웃을 때는 빛이 나는 것 같았다. 선정에 들게 되면 장애들이 사라지고 대신 기쁨과 행복에 집중하는 선한 마음이 일어나서 그럴 것이라고 말해 주었다. 선정의 강하고 아름다운 마음이 지속되면서 마음에서 생긴 선한 물질이 온몸에서 건강하게 생성되어 활동을 하다 보니, 장애를 일으키던 비정상적인 세포들이 소멸되는 현상이 일어난 것 같다고 설명해 주었다. 그대로 집중을 잘하면 좋은 성과로 이어질 것이라고 격려해 주었다.

 며칠 뒤 명도행 보살은 밝은 표정으로 말했다. 두 시간씩 세 번이나 집중이 잘 되었다고 했다. 그래서 바왕가(마음의 문, 심장) 체크하는 요령을 설명해 주었다. 며칠 지나자 그것도 잘하고 있어서 바왕가를 체크하면서 선정의 다섯 가지 정신요소를 식별하도록 했다. 그 다음날 명도행 보살은 놀라운 표정으로 다가오더니 말했다. 선정요소를 식별하려고 하는데, 심장에서 갑자기 진동이 일어나 온몸을 계속 흔들어서 당황했다는 것이다. 진동이 제멋대로 일어나고 멈추어지지가 않았다고 했다. 그런 현상이 일어나는 것은 잘못해서 그런 것이 아니니까 안심하고 여기서는 다섯 번의 진동만 식별하면 된다고 알려주었다. 그 진동은 초선정의 마음과 마음부수 서른네 가지가 일어난 것인데, 정신을 식별할 때 실습할 것이다. 여기서는 그 중에 두드러진 지배적인 요소 다섯 가지만 식별하면 된다. 그 다섯 가지는 장애요소 다섯 가지(감각적 욕망, 적의, 해태와 졸음, 들뜸과 후회, 의심)가 사라지고 대신 생긴 초선정의 다섯 가지 요소들인 일으킨 생각, 지속적인 고찰, 기쁨, 행복, 집중이다. 이 다섯 요소를 반조해서 식별하도록 했다. 처음에는 어려워 난색을 표하더니 이틀 뒤에는 다섯 가지 선정요소가 식별이 된다고 했다. 그러면 이어서 다섯 가지 자유 자재함을 순서대로 닦도록 조언했다. 그리고 앞으로 어떻게 수행해나가야 한다는 방향을 알려주기 위해 좀 더 자세히 사선정까지 닦는 방법을 설명해주었다.

그렇게 한 다음날 명도행 보살은 기쁨에 차서 다가와 자신 있게 말했다. 내 설명을 듣고 나서 집중했더니 사선정까지 그냥 되어 버렸다는 것이다. 이제는 사선정까지 다 해봤으니 되었지 않느냐고 했다. 명도행 보살이 수행해왔던 수행법에서는 한 번 경지에 들어가면 그것으로 인가되는지 몰라도, 이 사마타 위빠사나 수행에서는 그렇지 않다는 것을 설명해 주어야 했다.

한 선정에 들게 되면 그 과정을 숙달하는 다섯 가지 자유 자재함을 닦아서 원할 때는 언제 어디서든 선정에 들 수 있어야 한다고 강조했다. 언제 어떻게 죽음이 닥쳐도 자기가 닦은 선정에 들어가서 죽을 수 있어야 하며, 그래야 자기가 얻은 경지의 세상에 태어난다고도 말해 주었다. 그래서 언제든지 입정할 수 있어야 하고, 그 선정에 든 상태로 머물러야 하며, 출정하려고 결심한 시간에 오분 오차 내로는 시간을 맞춰 나올 수 있어야 하고, 나올 때 마음의 문으로 전향해서 선정요소를 반조하여 정확히 식별하도록 숙달해야 한다고 강조했다. 그렇게 하지 않으면 다음 단계로 넘어가지 못한다고 말해 주었다.

그 후 내 말대로 초선정을 반복해서 닦으면서 일주일이 넘도록 두문불출하더니, 다섯 가지 자유 자재함을 자신 있게 숙달하였다고 했다. 입정을 하기 전에 어떻게 결심을 했고, 출정 시 전향과 반조, 시간 확인을 어떻게 했는지 물어보고 제대로 한 것을 확인했다. 그러나 한 번 더 다지기 위해 다시 하루 연습을 해보라고 했다. 그런 다음날 초선정이 온전히 숙달된 것을 확인하고 이선정을 닦는 요령을 설명해 주었다. 다음날 바로 이선정을 얻고는 그렇게도 신기하고 재미있는지, "일으킨 생각과 지속적인 고찰은 싫어!" 하고 빠띠바가 니밋따(닮은 표상)에 집중하니까 이선정이 되었다고 어린아이처럼 좋아했다. 결심에 따라 선정이 바뀌는 현상에 자신감이 생긴 듯했다. 초선정 숙달한 것과 같은 요령으로 이선정도 다섯 가지 자유 자재함을 숙달했다. 그리고 계속해서 삼선정과 사선정도 같은 방법으로 실습을 하도록 했다. 삼선정은 고요하고 아늑하여 행복함을 만끽할 수 있었다고 했다. 사선정은 산 위에 올라가 내려다보는 것처럼 표상이 확대되고 밝고 든든해졌다면서 자신감이 생긴 듯 활기차 보였다.

　결심에 따라 바뀌어지는 새로운 선정을 거듭 경험하면서 태도마저 신중해지고, 사선정을 얻고부터는 가슴 벅찬 감동을 숨기지 않았고 숙연해 보이기도 했다. 차츰 정제되고 의연한 수행자의 모습도 갖추어져 가는 것 같았다. 항상 가슴에 선정의 빛을 지니고 생활수행을 하라고 당부했다.

　명도행 보살은 이 수행을 시작한 지 불과 한 달 반 만에 병고에서 벗어나 네 가지 선정을 모두 다섯 가지 자유 자재함까지 만족하게 숙달하고 자신 있는 모습으로 활기차게 웃으면서 집으로 돌아갔다.

죽비 대신 스마트폰으로

　인공 거사는 수행경력이 다양하다. 미국에서 무역회사 지사장을 하다가 퇴직해서 사업을 하던 중 5년 전부터 사마타 위빠사나 수행을 알게 되었다고 했다. 뉴욕에서 유학 중인 스님을 통해 이 수행에 대해 알고부터 미국에서 집중수행을 네 번이나 참석했다고 했다. 작년부터는 사업을 물려주고 미얀마 파욱명상센터에 가서 수행하고 태국에서 석 달 안거도 했으며, 지난여름에는 거창에 있는 선원에서 보냈다고 했다.

한 번 좌선을 시작하면 두세 시간을 앉아 고요히 머물렀고, 교학에도 관심이 많아 보였으며, 특히 수행과 관련된 내용들을 잘 알고 있었다. 죽비 대신 스마트폰으로 시간을 알려주었는데, 일부러 시계를 보지 않아도 미리 맞춰놓은 시간이 되면 여린 풍경소리를 아름답게 울려주었다. 또 스마트폰으로 세계 어디서든 접속하여 수행하고 있는 것을 서로 알 수 있다고 했으며, 초기불교 사이트에 지금 몇 만 명이 접속했는지도 보여주었고, 미국의 한 사원에 있는 비구 보디와도 접속이 된다고 했으나 나는 직접 해보지 않아서 제대로 이해하지 못했다. 하여튼 현대 세계불교의 첨단에서 수행하고 있는 것만은 틀림없는 것 같았다. 세계의 불자들이 인터넷을 통해 붓다의 가르침을 공유하면서 실천하고 있다는 것을 알 수 있었다. 이들이 공부하는 불교는 전승된 붓다의 가르침을 정확히 밝혀 체계적인 수행으로 실천하는 것으로 보였다. 니까야와 함께 전승된 테라와다(상좌부, theravāda) 불교를 서구에서는 기본불교라고 하며 지역에 따라 근본불교, 원시불교, 엘리트불교, 초기불교라고도 한다. 붓다의 직설에 가장 가까운 빠알리어로 된 니까야를 바탕으

로 하고 있으며, 지금도 그 가르침대로 수행하여 선정과 열반이라
는 결과를 얻을 수 있는 정통 불법이라고 할 수 있다.

인공 거사는 하루 수행이 끝나는 시간에 몇 번 자기가 호흡을 보
는 상태를 설명하면서 무슨 문제가 있는지 물었으나, 나는 번번이
답변을 제대로 못해 준 것 같았다.

"접촉점이 없어도 호흡이 잘 보이고 미세호흡이 콧구멍 가로 흐
르는 것도 볼 수 있습니다. 미얀마 반떼가 인중이 튀어나와 잘 보
는 것 같다고 했습니다. 빛은 이마 앞에 갈색으로 항상 떠 있는데,
니밋따가 맞는지요?"

나도 호흡을 보는 수행을 하고 있지만, 이렇게 세밀하게 기술적
으로 보지는 못해봤다. 호흡을 보는 방법이 다양하고 현란해서 뭐
라고 조언을 해야 할지 몰라 잠시 망설였다. 어떤 말을 해줘도 스
스로 판단해서 실행할 것이므로, 내 생각대로 말해주기로 했다.

"접촉점 없이 호흡을 보는 것은 많이 숙달되어 집중이 잘 되고
있을 때 가능한 방법으로 생각됩니다. 접촉점이 없으면 마음의 집
중이 어렵고, 호흡을 찾아다니면서 보는 것은 마음이 안정되지 못

하고 들뜨기 쉽습니다. 지금은 윗입술과 콧구멍 사이에 호흡이 스치는 곳에 접촉점을 정해야 합니다. 그 접촉점에 마음을 위치시키고 그 위로 지나가는 호흡을 보아야 합니다. 이마 앞의 갈색 빛은 니밋따가 아닌 것 같으니 무시하고 호흡 보는 데만 집중하는 것이 좋겠습니다. 니밋따는 코앞에서 주로 흰 솜처럼 욱가하 니밋따(익힌 표상)가 뜨고 그것이 밝아지면 빠띠바가 니밋따(닮은 표상)가 됩니다. 빛이 떴는지 살피지 말고 호흡에만 집중하도록 하세요. 완전한 단순성이 되어야 집중이 됩니다. 지혜가 많은 사람은 머리를 잘 쓰는데, 사마타 수행에서는 머리를 쓰면 쓰는 만큼 선정과 멀어집니다."

내 말을 들으며 얼굴이 조금 붉어지는 듯했다. 나는 불상을 향해 삼배하고 바로 밖으로 나왔다. 말은 더 해주지 않았지만 이런 생각도 들었다. 호흡을 보는 수련을 너무 오래 하다 보니 자기가 방편을 만들어 즐기고 있을지도 모른다는 추측이 되었다. 세속의 삶을 성공적으로 산 경험이 마음에서 아직 작용하고 있는 것 같아 보이기도 했다. 사업을 하던 습성화된 방법으로 수행도 그렇게 하고 있지나 않는지 모르겠다는 생각도 들었다. 지금도 사업을 물려주었다고 하면서도 완전히 정리하지 못하고 있으면서 수행으로 또 다른 성과를 얻으려고 하는 것은, 마치 새로운 영역의 사업으로 확장

해서 추진하는 것처럼 하고 있는 것은 아닐까 하는 생각도 들었다. 마치 한 발은 풍진에 둔 채 청정한 곳으로 가려고 해보지만 그 발이 떨어지지가 않아 헛수고만 하고 있는 것과 같다고 할 수도 있을 것 같았다.

뉴욕에서도 사업에 성공했다고 자랑스럽게 이야기하는 것을 보면 상당한 재간이 있고 처세술에 능해 보인다. 특히 대인관계에서 능수능란한 언변과 인사관리 능력이 탁월해 보였다. 그러나 사업을 하면서 상대했던 사람들과는 달리 수행에서 상대해야 할 대상은 도반이 아니고 바로 자기 자신이라는 사실이다. 세상 사람들을 상대로 사업을 하듯 자기 자신을 상대로 해서는 아무리 수완을 부려도 이득을 얻을 게 없다. 자신에 대해서는 어떠한 묘수를 써도 통하지 않는다. 수행자는 세상 사람을 이기는 사람이 아니고 자신을 이기는 사람이 되어야 한다. 그렇게 하려면 먼저 자기 마음에 있는 장애부터 제거해나가야 한다.

인공 거사도 이렇게 말한 일이 있다. 미국에서 파욱 사야도를 초청해서 집중수행을 할 때, 직접 사야도께 물어봤다고 한다.

"어떻게 하면 수행을 잘 할 수 있습니까?"

"은행통장에 1달러도 없으면 된다."

사야도의 말씀도 세속에서 탐욕으로 소유하는 행위를 하지 말아야 수행이 된다는 뜻일 것이다. 세상에 바람이 없어야 마음을 고요하게 할 수 있다.

그 뒤로도 이와 유사한 대화를 몇 번 나누면서 들어보니 내가 조언한 것과 같이 접촉점에서 호흡을 보는 방법으로 집중력강화 수행을 열심히 하는 것 같았다. 한 달 정도 지났을 때 한 번은 이렇게 물어왔다.

"접촉점에서 호흡을 보면 어제까지는 접촉점이 잘 보였는데, 오늘은 접촉점에 호흡이 스치는 느낌만 있습니다."

이 말을 듣던 중 번뜩 머리를 스치는 생각이 있어 잡았다. 호흡을 보는 데는 이 사람이 달인이다. 내가 더 이상 조언을 해줄 말이 없다. 나는 호흡을 저만큼 잘 보지 못한다. 세계를 무대로 사업하던 인재가 5년 동안 호흡을 보는 수행을 하기 위해 세계적인 명상센터들을 돌아다니며 유명한 명상 지도자들을 다 찾아가서 배우다시피 했는데도 선정을 얻지 못했는데, 내가 어떻게 한 달 같이 수행하며 조언을 해서 빛이 뜨도록 할 수 있겠나! 그래서 이런 수행자의 경우는 호흡을 보는 데 문제가 있어서 니밋따가 뜨지 않는 것이 아닐 것이라는 심증이 들었다. 문제는 마음에 있는 것 같았다. 장애요소가 제거되어야 선정요소가 만들어지지, 마음은 그대로이면서 호흡 보는 기술로 해보려고만 하고 있으니 빛이 뜨지 않을 것이라는 생각이 들었던 것이다.

"제가 보기에 거사님은 호흡 보는 데는 문제가 없으신 것 같습니다. 저는 그렇게 호흡을 잘 보지 못했는데도 빛이 떴거든요. 마음 쪽으로 초점을 바꿔 생각해 보는 게 맞을 것 같습니다. 자신도 모르게 장애의식이 집중하는 마음에 끼어들어서 그런 건 아닐까요? 단순하게 호흡에만 집중하면 되는데, 마음이 습관된 대로 복잡한 일을 할 때처럼 주변을 살피고 있는 것은 아닐까요? 마음에 돌아가며 떠오르는 생각들을 멈추어서 완전한 단순함이 되어야 합니다. 단순한 것이 복잡한 일을 하는 것보다 더 어려운 것 같습니다."

어떻게 빛이 떴습니까?

마침 명도행 보살이 곁에 있어서 물어보았다.

"보살님은 어떻게 호흡을 보니 빛이 떴습니까?"

"숨을 길게 쉬고 짧게 쉬다 보니까 빛이 뜨던데요."

"마음이 바로 집중되었습니까? 장애는 없었습니까?"

"접촉점에서 호흡을 보면 빛이 뜨는데 번뇌 같은 것 귀찮게 뭐하려고 일으켜요. 저는 암 수술 받고 죽었다 살아났다 네 번이나 하고 나니 아무 생각도 없어졌어요. 언제 죽을지 모르는데…."

명도행 보살의 답변은 단순하고 명확했다. 숨이 길면 길다고 보고 짧으면 짧다고 쉬어지는 대로 보니 빛이 떴다는 것은 마음에 아무 장애가 없는 상태에서 봤기 때문일 것이다. 그리고 표상에 오롯이 집중하니 엔도르핀과 같은 좋은 호르몬이 분비되어 몸과 마음에 기쁨과 행복이 일어나고 신경전달물질 도파민은 외부정보를 차단하므로 번뇌가 들어오지 못했을 것이다. 여기서 처음 배운 호흡 수행으로 한 달도 안 걸려서 선정에 들게 된 원인을 알 수 있는 말이었다.

이런 말을 들은 인공 거사는 자신의 마음에 문제가 있는 것을 시인하는 말을 했다. "지금도 회사 일을 한 번씩 체크하고 있는데, 이것 때문인 것 같다."고 했다. 세속에서 성취한 사업을 유지하면서 명상도 성공하여 고매한 인격의 소유자가 되고 싶은 것 같아 보였다. 참 좋은 생각이지만, 마음의 그릇에 세속의 물이 차 있는데, 그 물을 그냥 맑게 하려고 하니 아무리 노력해도 앙금이 없어지지 않는 것이 아닐까 하는 생각을 해봤다. 먼저 그 세속의 물을 비우는 일부터 하지 않고는 마음을 깨끗하게 하지 못할 것이다. 그릇을 비워야 원하는 대로 깨끗한 물을 담을 수 있을 것이다.

명도행 보살이 니밋따가 뜬 것은 암 치유과정에서 겪어야 했던 의식마저도 놓아버렸던 경험을 하면서 포기한 것이 많은 마음에 장애될 것이 없어 집중이 바로 이루어졌기 때문일 것이다. 호흡 보는 기술로 될 것 같으면 인공 거사가 당연히 먼저 이루어졌을 것이다.

인공 거사뿐만 아니라 호흡 보는 기술로 니밋따를 생기게 하려고 많은 수행자들이 애쓰고 있는 것을 보아왔는데, 그런 이들도 다시 한 번 생각해 볼 문제인 것 같다. 안타깝게도 세계적으로 유명한 명상센터에서 훌륭한 스승과 인터뷰를 통해 호흡 보는 방법을 점검하면서 선정에 들기 위해 세월을 보내고 있는 수행자들이

적지 않다. 물론 호흡에 집중하는 방법을 정확히 하며 명상센터에서 생활을 하다 보면, 마음에 장애가 차츰 소멸되고 선정요소가 생겨날 수 있다. 그러나 호흡 보는 방법을 탐구하며 몇 년 혹은 십 년도 넘게 수행하고 있는 사람들도 있는 것이 사실이고 보면, 그렇게 단정할 수도 없을 것 같다. 그래서 굳이 호흡 보는 방법에 매달리기만 한다고 될 수 있는 일이 아닌 것 같아서 해주고 싶은 말이다.

"선정을 얻기 위한 호흡명상은 마음훈련이지 숨쉬기 훈련이 아닙니다. 호흡을 보는 것은 마음집중을 위한 수단입니다. 마음이 다른 곳으로 가지 못하도록 호흡을 보는 일에 마음을 묶어두는 것과 같습니다. 접촉점에서 호흡을 빈틈없이 봄으로써 마음이 그곳에만 머물게 하는 방법입니다. 마음의 집중으로 장애가 사라져 니밋따를 보게 되는 것이지 호흡을 잘 본다고 되는 것은 아닌 것 같습니다."

이 이야기를 들으며 인공 거사가 반신반의하는 듯해서 더 조언을 했다.

"거사님은 호흡을 잘 보고 있습니다. 호흡을 잘못 봐서 니밋따가 뜨지 않는 것이 아닙니다. 문제는 마음에 있는 것 같습니다. 자신도 모르게 돌아가며 떠오르는 의식을 반드시 멈추어야 합니다. 보이지 않는 의식의 렌즈가 끼어 있는 마음으로 호흡을 보고 있어서는 안 됩니다. 무의식에서 떠오르는 생각들을 벗어나야 합니다. 예기치 못한 기억이 떠오를 때 그것을 무시해야 합니다. 곁눈질도 하지 말아야 합니다. 그런 생각을 봐주면 그 기억에 영양분을 주는 것과 같이 되어 계속 떠오르며 자라납니다. 무의식에 자극을 주지 말고 가만히 있도록 가라앉혀야 합니다. 아예 바왕가의 문이 열리지 않도록 해야 합니다. 결국 의식과 무의식이라는 마음에서 해탈해야 선정이 됩니다."

호흡을 보고 있으면

정덕행 보살은 이 정사의 주인이면서 공양주 역할을 하고 있다. 21살 때 결혼해서 29살에 남편과 사별하고 딸 하나를 데리고 장사를 하며 살아왔다고 한다. 워낙 재치 바르고 음식솜씨가 좋다 보니 식당을 운영해서 돈을 좀 모았다고 한다. 12년 전 장사를 그만두고 이 땅을 사서 찜질방을 만들려고 했는데, 절에서 수행하다 알게 된 거사들이 도와줄 테니 정사를 지어 같이 수행하면 좋겠다고 해서 시작한 일이 이렇게 되었다는 것이다. 법당과 요사채를 짓고 감나무 밭을 지나 소나무 숲속에 황토방을 네 칸 지어서 수행자들을 머물게 하고 공양주 노릇을 했다는 것이다. 그렇게 해서 오고가던 수행자들은 십 년이 지나자 모두 떠나버리고 보살 혼자 남게 되어서, 지난 두 해는 문을 아예 닫고 지냈다고 한다. 십 년을 수행자들을 외호했지만 아무 보람 없이 끝나버리고, 이제 나이가 칠순이 넘으니 내 수행이 급해졌다는 생각이 들어 이번 집중수행을 준비하게 되었다는 것이다.

 하루 좌선을 마칠 때 몇 번 법담을 나누었는데, 보살이 말한 내용을 요약하면 대략 이러했다.

"호흡을 보고 있으면 마음은 바로 집중이 되고 빛이 뜰 것 같은데, 희미하게 안개처럼 보이는듯하다가 사라지고 맙니다. 그러면 방석 위에 앉아 있어도 이 일 저 일 해야 할 일들이 생각납니다. 끼니마다 공양을 어떻게 할지, 수도가 얼지나 않을까, 개까지 새끼를 낳아 두 마리가 죽고 네 마리나 데리고 있으니 이것도 생각나고, 마음이 이렇게 왔다 갔다 하니 수행이 될 리가 있겠어요. 이제는 유지관리하기도 힘든 이 정사를 어떻게 정리할까 하는 걱정도 되고 몸은 늙어만 가니 한숨과 눈물이 나네요."

정덕행 보살은 몸이 야위어 한 줌밖에 안돼 보이는 허리를 칠십도 정도밖에 못 펴는 장애가 있었다. 그러면서도 일을 너무 많이 해서 손가락 마디가 울퉁불퉁 튀어나왔다. 성질이 워낙 급해서 경내를 다닐 때도 동동거리며 뛰어다니고, 음식을 만들 때는 식당 일을 오래 해서 그런지 한꺼번에 몇 가지 일을 동시에 해치우는 능수능란한 일솜씨가 있다. 그리고 이 보살에게는 숨은 재주가 하나 더 있다. 어느 스님한테 민요를 배웠다는데, 그 소리가 일품이다. 목소리가 애처로운데다 독특한 가락으로 신세타령하듯 부르는 '멍텅구리'와 '상여소리'는 듣는 이의 심금을 울린다.

　정덕행 보살에게 몇 번 법담을 나누며 이야기해 주었던 것을 요약해본다.

지금이 바로 그때

　"이렇게 정사를 지어서 수행자들을 돕는 일만 하고 자기는 수행을 하고 싶어도 못하고 사는 것은 억울한 일입니다. 공덕을 쌓았다 해서 죽으면 극락으로 보내줄 것이라고 믿어서는 안 됩니다. 신이

나의 내생을 결정하는 것이 아니고, 내가 이생에서 행한 업과 수행으로 얻은 경지에 따라 재생연결식이 동류 감응하여 자연적으로 같은 수준의 다음 생으로 이어지는 것입니다.

사람들은 늙으면 살아온 지난날을 돌아보면서 실패한 일을 후회합니다. 세상의 일을 바라는 대로 성취하지 못한 것은 누구나 겪기 마련인 괴로움일 뿐입니다. 불안한 세상을 살면서 지금까지 살아 있는 것만 해도 다행인 줄 알아야 합니다. 지난 일을 돌아보고 후회해도 아무 소용없으니 기억들을 되새기지 말고 모두 묻어두고, 지금 하고 있는 수행에만 마음을 집중하세요.

다음에는 준비 잘해서 수행을 꼭 성취해야지 하고 생각을 하지만, 지금이 바로 그때이지 다른 때가 기다리고 있지 않습니다. 지금까지 지은 공덕이 있었다면, 이 수행을 만나게 된 인연 복을 받은 것이라고 생각하세요. 자신에게 주어진 한정된 시간을 무가치한 일에 결코 낭비하지 말아야 합니다. 가장 중요한 일은 이번에 할 수 있는 수행을 성취하는 것입니다. 만약 이 수행을 못하고 죽는다면 진짜 실패한 인생이 될 것이라고 알아야 합니다.

이번 생에 공덕을 많이 지어서 다음 생에 돌려받겠다는 생각도 수행에 도움이 되지 않습니다. 내가 공덕을 지어 내가 받겠다는 것은 내가 있다는 견해가 일으킨 생각이므로 수행에 장애가 됩니다. 아상을 버려야 합니다. 이 수행을 하여 세속의 삶에 도움이 될 것이 없을까 하는 생각을 해도 수행에 지장이 있습니다. 수행으로 얻을 수 있는 것은 욕계의 마음을 떠나 색계와 무색계를 넘어 출세간으로 진화하는 것입니다. 따라서 고통으로 점철된 세속의 마음을 미련 없이 떠나야 합니다. 소유에 따라 일시적으로 일어난 만족감에는 곧 괴로움이 따르기 마련입니다. 욕망의 대상을 갈애하거나 집착하지 말아야 합니다. 내 것이 있다는 생각을 버려야 합니다. 불필요한 것을 가지고 있지 말아야 합니다. 수행생활을 하는데 꼭 필요한 만큼만 가지고 사용하다 두고 가면 됩니다.

몸과 마음은 수행의 도구로 사용합니다. 연장을 나무라지 말고 잘 간수해야 합니다. 먹고 입고 자는 것은 도구를 든든하게 하는 수단입니다. 연장이 좋아야 일을 잘할 수 있지 않겠습니까? 건강해야 수행도 잘할 수 있습니다.

외롭게 살면서 소유하지 못하면 불행해지지 않을까 아등바등하며 재산을 모으고, 또 그것이 잘못될까봐 노심초사하며 유지 관리하는데 골몰하고 있는 것은 현명하지 못합니다. 모든 형성된 것은 변하기 마련입니다. 재산이 흩어지거나 내가 사라지거나 해서 변하게 되지요. 사라지기 전에 잘 써야 합니다. 남김없이 잘 주고 떠나야 합니다. 죽으면서도 소유욕에서 풀려나지 못하면 다음 생도 욕계에 태어날 수밖에 없습니다.

자기가 세상을 살아온 방식을 수행에 적용하면 장애가 됩니다. 습관화된 사고방식과 행위는 수행을 진전시키지 못합니다. 자기가 생각하는 대로 수행이 진전되지 않는 것은 자기가 생각하는 것과 수행의 진전공식이 맞지 않기 때문입니다. 붓다의 법은 생각, 관념, 언어로 굳어진 고정된 실체로 분별할 수 있는 것이 아니기 때문입니다.

집중훈련으로 의식의 흐름을 멈추어야 합니다. 의식을 따라다니지 말고 호흡접촉점이나 니밋따와 같은 한 대상에 머물러야 합니다. 진리는 단순하고 깊이 있게 수행할 때 체득됩니다. 무의식에서 기억이 올라와도 마음이 움직이면 안 됩니다. 기억이 떠오르더라도 무시하고 집중하고 있는 대상에만 마음이 흔들림 없이 머물러야 합니다. 의식과 무의식의 장애를 벗어날 때 선정의 요소들이 생겨납니다. 선정은 존재의 근원을 꿰뚫어 볼 수 있도록 마음을 여는 진실입니다. 삼매에 들어야 법을 있는 그대로 안다고 붓다께서 말씀하셨습니다."

눈물이 나면 실컷 울어라

정덕행 보살은 자꾸 눈물이 난다고 했다. 눈물이 나면 실컷 울어
버리라고 했다. 눈물이 나는 것도 수행으로 생긴 마음의 변화다.
억압된 감정이 풀려서 정화되는 과정일 것이다.

"장사하며 싸우기도 하고, 거짓말도 하고, 남을 속이기도 많이 했
습니다."

참회의 눈물을 흘리는 것 같았다. 슬픔과 탄식을 넘어서려면 그
것들과 작별을 해야 한다. 오뉴월 짚불도 쬐다가 떠나려면 섭섭하
다는 말도 있듯이 마음속에 축적된 하찮은 기억들도 떠나려면 다
몰려나와 떨어지기 싫어하며 감정이 복받쳐 오르는 현상이 일어날
수 있다. 지금은 되새기고 싶지 않은 하찮은 기억이지만, 그 일을
겪었을 때는 갈애하고 집착했던 것들이기 때문에 마음에 맺혀 각
인되었던 것이다. 마음이 깨끗해지려면 눈물로 묵은 감정들을 씻
어내어 모두 흘려보내는 카타르시스 과정이 있어야 할 것이다. 지
금 눈물을 흘리는 변화가 일어난 것은 수행을 그만큼 잘했기 때문
이라고 격려해 주었다.

마음이 제대로 집중되어 표상이 뜨려면 마음에 오고가는 감정이 잦아들고 고요해져야 한다. 제멋대로 오고가는 슬픈 기억들도 잠 재우고, 습관화된 분별의식을 내려놓아야 한다. 눈물이 자꾸 나는 것은 마음이 함께하고 있던 기억들을 떠나 호흡 표상에만 집중하고 있으니까 잠재되어 있던 콤플렉스가 소멸되면서 일어난 현상이라고 할 수 있다. 정덕행 보살의 마음에 앙금으로 남은 흐린 물이 다 흘러 나가고 나면 맑은 샘물이 차올라 하늘이 환히 비치게 될 것이다. 마음속 깊은 곳에 숨어있던 한 맺힌 기억들의 되새김도 가라앉고, 정화된 마음이 고요해져 표상이 보이게 될 것이다.

마음껏 수행할 수 있는 기쁨

나는 이 정사에 와서 마음껏 수행할 수 있는 것이 좋았다. 온종일 정신을 집중하여 수행만 하고 있으니 더 이상 바랄 것이 없었다. 몸과 마음에 적체되었던 것들이 해소되는 듯 가벼워졌다.

먼저 예전에 배운 수행과제들을 순서대로 복습을 했다. 호흡명상으로 사선정까지 각 선정마다 세 시간씩 닦았다. 삼십이상을 보고 뼈에 대한 수행으로 시방의 모든 존재들을 본 다음 흰색 까시나부터 열 가지 까시나를 무색계선정과 연결해서 닦았다. 이어서 거룩한 마음가짐 네 가지를 닦고 네 가지 보호명상도 닦았다. 그리고 사대명상으로 깔라빠를 보며 물질을 식별하고 정신도 하나하나 식별해 나갔다. 그런 다음 십이연기 수행을 해서 과거 생을 차례대로 보고, 미래 생은 현재의 상태에서 다시 보았다. 그리고 과거 현재 미래 세 기간씩 연결해서 인과관계를 식별했다. 꼬박 일주일을 내달려서 위빠사나 지혜를 닦을 수 있게 되었다.

사마타 수행으로 얻은 선정의 정신부터 무상 고 무아로 식별하여 과삼매에 들었다. 그리고 정신과 물질을 보고 그 원인을 삼 특상으로 식별했다. 무상 고 무아를 사십 가지로 관찰하는 수행을 했으며, 물질과 정신을 각각 칠 개조로 나누어서도 닦았다. 오래간만에 맑고 밝은 빛 속에서 오롯이 집중하니 옛길을 찾아 고향에 온 듯 시간 가는 줄 몰랐다. 배울 때 까다롭고 어렵던 과제들도 집중이 잘 된 상태에서 다시 해보니 바로 해결되어서 기뻤다.

깔라빠가 일어나고 사라지는 것을 보면서 무상 고 무아로 식별하다가 깔라빠가 사라지는 것만 보면서 무너짐의 지혜를 닦았다. 이어서 두려움의 지혜가 일어나고 위험의 지혜가 생겼으며, 염오의 지혜가 일어나면서 해탈을 원하는 지혜가 커져서 숙고하는 지혜로 가다듬으니 상카라(행·의도·의식작용)의 평온의 지혜가 의문정신과정으로 통찰되었다. 이 지혜들은 반복된 수행으로 자동적으로 순서를 거치며 연달아 일어났다.

도의 정신과정

여기서 수행한 지 열흘째 되던 날 아침 비가 내렸다. 겨울비답지 않게 세차게 내렸다. 빗소리가 산 아래서부터 한 줄기씩 수목에 떨어지는 소리로 올라와 황토방 지붕의 동기와를 두들기고 지나갔다. 따뜻한 물로 샤워를 하고 창문 쪽을 향해 앉아 눈을 감으니 깔라빠가 빛났다. 개운하여 이완되던 몸이 없는 듯 느낌이 사라졌고, 마음도 아무 의식 없이 고요해졌다. 깔라빠만 맑은 하늘의 별무리처럼 가득 떠있었다. 깔라빠를 보고 있으니 어느새 위빠사나의 지혜들이 저절로 단계를 거쳐 올라와 상카라의 평온의 지혜가 무르익어 평온한 상태를 유지하고 있었다. 그대로 있으니 상카라의 평온의 지혜가 점점 더 깊어지고, 오직 하늘 가득 차게 떠 있는 별 같은 깔라빠들만 빛났다. 몸도 마음도 없고 깔라빠만 빛나는 상태로 있는데, 비가 또 한 줄기 지붕을 지나갔다.

동기와장에 떨어지는 빗방울 소리는 마치 타악기를 연주하는 소리처럼 경쾌하게 두드리며 지나갔다. 그렇게 두 줄기가 지나간 다음에 본진이 온 듯 빗줄기가 강하게 동기와를 때렸다. 빗줄기는 점점 더 세차지더니 지붕이 뚫어져라 난타하는 엄청난 진동으로 변하였다. 그 소리가 아우성을 지르는 듯 절정에 이르렀다. 그래도 상카라의 평온의 지혜는 깊은 평온을 유지하고 있는데, 하늘에 가득 차 있던 별들이 마치 빗줄기를 타고 호수에 빗방울이 떨어지는 것처럼 쏟아져 내렸다. 빗방울이 수면에 떨어져 튀듯이 수많은 깔라빠들이 떨어져 튀어 올랐다. 절정에 이른 난타 소리의 진동과 깔라빠가 떨어져 튀어 오르는 수면과 같은 머릿속은 포화상태가 되어 끓어 넘칠 것 같았다.

그러나 마음은 여전히 평온한 상태로 이 현상을 또렷이 식별하고 있었다. 이 격렬한 파동의 용광로가 임계점을 넘는 듯 울렁 울렁 울렁 세 번 진동이 일어나며 흔들렸다. 이것을 식별하던 마음은 '이것은 수순이 아닌가!' 근접 수순 종성이 맞다. 나는 정신과정이 일어날 때 준비가 일어나지 않기 때문에 수순은 세 자와나(속행)가 일어난다. 이것은 분명 도의 정신과정이 일어나는 것이라는 생각이 또렷이 들었다. '지금 그럴 리가 있나?' 하는데 다음 자와나에 빛이 대낮처럼 밝게 떴다. 그래도 워낙 상카라의 평온의 지혜가 깊어서 깨어나지 못하고 '도의 정신 과정인데' 하는 식별만 하고 있는데, 다음 자와나에 햇빛을 밀어내고 무어라 표현할 수 없는 푸른 보석 같은 빛이 거대한 서치라이트를 비추듯 뜨면서 새로운 하늘이 쫙 열렸다. 햇빛보다 열 배는 더 밝게 작열하는 빛이 정확히 세 자와나 머물고 사라지는 것을 식별했다. 밝은 빛이 사라지자 그 자리에 잔영이 생겼다가 곧 사라졌다. 비색의 어마어마하게 밝은 빛이 떴지만, 눈부시지 않아 똑바로 봤다. 그것은 육안이 아닌 심안으로 봤기 때문이다. 그런데도 마음은 여전히 평온한 상태였다.

조용히 반조를 하기 위해 살펴보려고 마음을 들여다봤다. 새로 태어난 듯 아무것도 없는 백지와 같은 마음이었다. 분명히 닙바나임을 알면서도 침착하기만 한 마음을 가만히 반조하니 이곳 일대의 전경이 떠올랐다. 산야의 초목이 모두 말라죽어 타작하고 버린 짚더미 같이 흩어져 있었다. 그 강한 빛에 다 타죽은 듯 무덤처럼 고요했다. 마음이 텅 빈 상태로 귀가 먹은 듯 적막하고 필름이 끊어진 듯 아무 움직임도 일어나지 않았다. 점점 의식이 깨어나면서 담담하고 깨끗해져 겸허한 상태인 것을 알 수 있었다. 더 이상 감각적 욕망과 같은 갈애나 충동은 잠재성향까지 찾을 길이 없었다.

또 파괴된 오염원을 확인하려고 적의 족쇄가 있는지 보기 위해 항상 나를 시기하고 미워해서 나도 보기 싫어했던 사람을 떠올려

봤다. 그 사람의 얼굴이 반들반들거리는 모습으로 보이고 그의 주변이 밝고 깨끗해 보였다. 언제나 그 사람을 떠올리면 표정이 굳어 있고 그의 주변은 어두침침했었는데, 전혀 다른 분위기였다. 또 나를 질투하고 경멸해서 보기 싫었던 사람을 떠올려 봤다. 그도 얼굴에 윤이 났고 그의 주변도 환해 보였다. 밝은 모습으로 자기 일을 열심히 하고 있는 것 같았다. 전혀 밉지가 않았다. 마음속 어디에도 적의가 없고 맑고 밝았다. 나와 나쁜 감정을 가졌던 일도 없었던 것 같았다. 그냥 두면 되겠다는 생각이 들었다.

앞으로 어떻게 위의 도와 과를 얻을까 하는 반조를 해보니 '뭐 이렇게 되었으니 그렇게 되겠지.' 하며 대수롭지 않은 듯 일축하여 버렸다. 그것은 연기를 닦으면서 식별한 내생과 같이 될 것이라는 뜻이었다. 남은 이번 생 동안 수행을 잘해서 죽음을 넘을 때 마지막 도와 과를 증득하는 것으로 식별했었다. 이번 생도 남은 삶은 내생이다.

삼매에서 나와 정신을 차리고 생각해 봤다. 전혀 예상 못한 상태에서 도의 정신과정이 일어난 것이 참 신기하다는 생각이 들었다. 지난 육 년 동안 위의 도와 과가 일어나기를 원했지만, 수행을 깊이 못해 제자리걸음만 하고 있었다. 그래서 이제는 인연이 없고 바라밀이 다해서 위의 도와 과는 안 되는가보다 하고 체념하다시피 하고 있었다. 그런데 이렇게 갑자기 도의 정신과정이 일어날 줄은 정말 상상을 못했던 일이다. 그저 배운 수행을 할 수 있는 것만 해도 고맙고 행운이라는 마음으로 이번 집중수행에 참가하고 있었는데, 이런 경험을 하고나니 마냥 감사하고 후련하기도 했다.

산보다 든든하고 하늘보다 밝은 과삼매에 들어

그 후 이틀은 혼돈이 생겼다. 선정에 들었다가 깔라빠를 보면서 위빠사나를 하고 있으면, 전에 들어가던 과삼매에 들어가지지도 않고 새로운 과에 들어가지도 못하고 멀찌감치에서 닙바나의 잔영을 지켜보는 정도가 되었다. 그러다 사흘째 되는 날부터는 새로운 과로 끌려들어가기 시작했다. 과삼매에 들어가는 것은 자기가 얻은 가장 높은 과에만 들어가진다. 이 새로 본 닙바나가 자리를 잡고 힘을 발휘하기 시작하고부터는 선정에 들었다 전향하거나 깔라빠를 식별하기만 해도 그리로 끌려가서 과삼매가 되었다. 그 위력이 큰 산같이 미덥고 든든하고 고맙게 생각되었다. 전에 봤던 과들은 그 뒤에 숨어서 보이지가 않았다. 마치 큰 산봉우리 뒤에 있는 작은 봉우리들이 보이지 않는 것과 같았다.

온종일 과삼매에 들어 묵묵히 지내며 담담한 마음이 유지되었다. 욕구가 일어나지 않고 이런저런 생각이 없어졌다. 모든 일에 정량을 알고 절제가 저절로 되어졌다. 법당에는 오후에만 가고 밤에도 혼자 황토방에 있으니 더 자유로웠다. 혼자 조용히 과삼매에 들어 있고 싶었다. 전부터 해오던 습관이지만 아침을 먹지 않고 그 시간에 수행을 하면 하루 중 가장 집중이 잘 되었다. 11시에 공양을 하고 오후 불식을 하니 속도 편하고 몸과 마음이 가벼워졌다. 창밖을 보면 백운산(해발 1,218m) 위로 맑게 갠 하늘이 내 마음처럼 편안하게 느껴졌다. '저 산보다 더 든든하고 저 하늘보다 더 밝은 과삼매에 들다니 이 무슨 복인가!' 하며 합장을 했다.

아침 해가 뜰 때 백운산 꼭대기서부터 맑은 햇빛이 매봉과 갈미봉으로 뻗어 내린 능선들을 타고 내려와 섬진강을 건너면, 평사리 빈 들판이 노랗게 물든다. 이 황토방은 북서향이고 남동방면을 막고 있는 구제봉(해발 768m) 능선에 가려 오전에는 해가 들지 않는다. 대신 여기서 건너 양지 편에 해 드는 광경을 내려다 볼 수 있다. 어둠이 물러가고 밝은 햇빛을 받는 평사리 들판과 건너편의 옹기종기 모여 있는 집들이 아침을 맞이하는 모습이 정겨워 보인다. 저 양지 편에서는 검은 솔숲으로 덮인 건너편 산비탈의 이런 흙집은 보이지도 않을 뿐더러, 아무도 관심을 가질 이유가 없는 곳일 것이다. 이곳은 풍수설로 보면 좋지 않은 특징들을 구비하고 있는 곳인 것 같다. 북서향이라서 햇볕이 잘 들지 않고, 바람을 감추지 못하며, 물을 얻지 못하는 곳이다. 햇빛은 오후가 되어야 들고, 바람막이 하나 없이 평사리 들판을 지나온 섬진강 칼바람을 바로 맞으며, 계곡에 집수정을 만들어 고무호스로 끌어오는 물은 영하의 날씨에는 얼어버려서 급수차의 봉사를 받기 일쑤다. 이런 곳이다 보니 수행자가 머물기에는 더 좋다. 사람들의 내왕이 없어 조용하고, 상대적 악조건을 견디면서 수행하니 거룩한 마음가짐과 괴로움의 진리를 체득하는 데도 도움이 되어 몰입도 잘 되는 것 같다.

이 지구상에 어딜 가나 하늘 아래 땅과 물과 불과 바람이 이런저런 모양으로 모여 있을 따름이다. 천하 명당이 따로 있어 거기서 수행해야 도가 출현하는 것이 아닌 것 같다. 눈 온 날 아침이면 여기가 히말라야 산속인 것 같다. 눈 덮인 백운산 첨봉들이 햇빛을 받으니 히말라야 설산을 방불케 한다. 언젠가는 히말라야에 들어가 수행을 마치리라고 다짐하던 때도 있었다. 어느 산속에 들어간들 무감각한 산에서 지혜가 나오겠는가. 하얗게 빛나는 아침, 소나무 사이 오두막 황토방에서 히말라야의 꿈을 재운다.

법을 스승 삼고 등불 삼아

우리는 지고의 청정과 자유인 닙바나를 무한히 멀리 있고

도달하기가 무척 어려운 것이라고 생각한다.

그러나 닙바나란 가깝게 두려는 자에겐 가까운 것이고,

붓다의 법을 참되게 지니면 붓다도 가까이 있다.

붓다께서 '법을 보는 것이 나를 보는 것'이라고 하시지 않았던가.

칸티팔로(영국 출신 스님. 호주에서 환속 후 불교 전파와 교육에 힘씀)의 글 『새 시대인가, 말세인가』(조효종 옮김, 고요한 소리)에 이런 내용이 있다.

"석가모니께서 무여열반에 드신 후 약 천 년 뒤에 스리랑카에서 논장을 펴는 논사들은 사람들이 깨칠 수 있는 능력이 오백 년 단위로 점차적으로 퇴조해 가리라는 것입니다. 그들 말대로라면 오늘날에는 수행을 통해 얻을 수 있는 것은 예류도와 예류과 정도만 될 수 있다는 얘기가 됩니다. 그나마 앞으로는 사람들의 근기가 너무 둔해져 이만한 정도의 증과조차도 얻기가 어렵게 될 시대가 올 것이라 합니다.

중국, 티베트 및 일본 등의 일부 대승불교적 전통에 의하면, 그 전망은 더 한층 암울해져 현대를 아예 '말법시대'로 규정하고, 이 시대에는 어떤 향상도 불가능해서 오로지 미래불인 미륵불의 시대에 다시 태어나도록 염원하거나 극락정토에 왕생하기를 기원하는 일이 우리가 할 수 있는 전부라고 합니다.

(…중략…) 오늘날 태국이나 미얀마와 같은 불교국가들에서 깨치신 분들이 여전히 출현하고 있는 것을 보더라도 이들 논사들이 분

명히 잘못 이해했다는 것을 산 증거를 통해 확인할 수 있습니다. 현대불교를 중흥기로 보는 희망적인 조짐들이 나타나고 있는 것도 사실입니다. 선정수행에 관심이 고조되고 있는가 하면 불법을 더욱 근본적인 각도에서 수행해 보고자 하는 열의도 생겨나고 있습니다."

어느 시대나 말세라고 비관하며 미래세를 기약하려는 사람들이 있었다. 한편 그와 같은 시대를 살면서도 새 시대를 맞아 희망차게 사는 사람도 있기 마련이었다. 한 시대를 살면서 말세로 보면 말세처럼 보이고, 새 시대라고 보면 새 시대라고 볼 수도 있다. 결국 어느 시대나 말세라는 사람은 말세를 살았고, 새 시대라는 사람은 새 시대를 살았다. 그것을 보면 시간과 공간은 그대로인데, 사람들이 스스로 상상하고 규정하여 자기들을 제한하고 구속하고 있는 것을 알 수 있다. 불자는 법을 있는 그대로 볼 줄 알아야 한다. 어느 한쪽 면만 보고 판단하는 것은 착각과 분별의 오류를 범하게 된다.

이런 오류의 말세론을 따라 불법을 수행한다면, 그 결과는 어떻게 흘러갈지 짐작할 수 있다. 혹시 지금 우리나라 불자들 중에 우리는 말법시대를 살기 때문에 근기가 둔해져 도와 과를 증득하기가 어렵다고 생각하고 있지나 않는지 염려된다. 또 혹시 이생에서는 닙바나를 보기 어려우니 미륵불의 시대에 다시 태어나기 위해 도솔천 내원궁을 염원하고 있지나 않는지 우려된다. 원래 불교는 열반을 목적으로 하지 천상에 태어나기 위해 수행하지 않는다. 내생을 받는 것은 수행 결과 부수적으로 따라오는 것일 뿐이다. 우리 불자 중에 아직도 구시대의 말세론에 빠진 이설을 믿고 있는 사람이 있다면, 이참에 고개를 돌려 붓다께서 고구정녕 말씀하신 초기경전들을 바로 보고 정법수행으로 새 시대를 맞이하는 기회로 삼아 회두피안(回頭彼岸)하기를 당부하고 싶다.

삼국시대부터 우리나라에 전법된 불교는 붓다와 그 제자들이 수행한 초기불교보다 몇 백 년 뒤에 발생한 대승불교가 중국을 거치면서 굴절된 한문경전으로 되어 있었다. 붓다의 가르침에 따라 깨달음을 얻은 대승 논사들의 다양한 교설을 중국에서 받아들여 기존의 사상들과 만나는 과정에서 격의불교로 굴절된 철학적 형이상학적인 교학이었다. 소리글인 범어가 뜻글인 한자로 번역하는 과정에서 기존에 중국에 있던 도교와 유교의 사상과 대비한 용어로 맞추다보니 격의불교가 되었던 것이다. 그보다 붓다의 가르침을 바로 대하지 못했던 더 큰 원인은 조사의 가르침이 현실성 있게 그 때의 방편으로 간화선과 같은 수행법들이 생겨나서 우리나라에 고스란히 전해졌던 것이다.

불운하게도 우리 선조들은 중국을 거쳐 들어온 불교만 보았고, 그것이 불교의 전부인 줄 알 수밖에 없었을 것이다. 그런데 불교가 세계화된 지금도 그것만 배우고 그렇게 알고 있는 사람들이 있어서 문제라고 하지 않을 수 없다. 법랍 높은 스님들이 법상에서 난해한 한문경전 구절을 해설하며 게송을 읊고 나무아미타불을 부르며, 연세 많은 불자들이 전통불교문화에 매몰되어 복을 빌며 절하고 있다. 안타깝게도 신심 깊은 그들은 변하기 어렵다. 그러나 그런 고루한 불교문화는 거의 수명이 다해 가고 있다고 봐야 한다. 그것은 다양한 교육을 많이 받아 지식수준이 높아진 새 세대들이 이어 받지 않으면 그분들의 수명과 함께 사라지거나 문화재로 남게 될 형편이기 때문이다.

니까야를 19세기 이전에 모두 번역한 서양이나 일본에 비하면 많이 늦었지만, 우리나라도 지금은 다행스럽게도 사명감 넘치는 번역가들이 구법유학을 하며 피땀 어린 노력으로 초기불교 경전을 한글로 모두 번역하고 있다. 교학의 전파와 더불어 초기불교의 정통수행법도 용기 있고 참다운 구도자들에 의해 전수되고 있다. 이제는 우리도 붓다의 가르침을 원음에 가장 가까운 경전을 보고 이해하고, 그 경전에 쓰여 있는 대로 수행하여, 그 경전에 쓰여 있는 것과 같은 일이 일어나는 것을 체험할 수 있게 되었다. 붓다께서 가르치신 대로 수행할 수 있는 지금, 우리는 다행인 줄 알고 정법으로 열심히 정진하여 반드시 선정과 열반을 체득해야만 할 것이다.

> 그대들은 참으로 스스로가 '이러한 법들은 유익한 것이고,
> 이러한 법들은 비난받지 않을 것이며, 이런 법들은 지자들
> 의 비난을 받지 않을 것이고, 이러한 법들을 전적으로 받
> 들어 행하면 이익과 행복이 있게 된다.'라고 알게 되면, 그
> 것을 구족하여 머물러라.(앙굿따라 니까야 3:65)

이렇게 말씀하신 붓다의 법은 지금도 그대로 살아있다. 붓다께서는 법을 스승으로 삼고, 법을 등불로 삼아 자기를 밝히라고 하셨다. 붓다께서 살아 계시든 안 계시든 그 법은 그대로 있다. 이제는 세계의 불교학자들이 붓다께서 말씀하신 법이 어떤 내용인지 정확히 밝혀서 인터넷을 통해서도 세계인들이 공유하게 되었다.

지금도 일부 수행자 중에는 붓다의 수행법을 조금 닦아보다 자기 마음대로 안 된다고 해서 '이 수행법은 이론일 뿐 실제 수행은 되지 않는 것'이라고 하거나 '나에게는 맞지 않는 수행법'이라고 하면서 외면해 버리는 것을 볼 수 있다. 어디 수행을 성취하기

가 그리 쉽겠는가? 일생을 걸고 해야 할 일 아닌가. 용기와 도전
정신으로 자신을 오롯이 쏟아 부어 전력투구로 될 때까지 사생결
단을 내는 심정으로 닦는다면 안 될 까닭이 없다. 그런데 조금 해
보다가 자기 마음대로 안 된다고 불안해하고, 한 고비라도 만나게
되면 그만 위축되어 눈치를 살피다가 쉬운 방편을 찾아가게 된다.
이렇게 되면 말세론이 귀에 쏙 들어오고 자기변명도 만들어지게
된다. 아무튼 붓다께서 가르쳐주신 법대로 수행해도 안 된다고 생
각한다면, 그 사람은 불법을 믿지 않고 따르지 않기 때문에 불자
라고 할 수도 없다.

우리는 지고의 청정과 자유인 닙바나를 무한히 멀리 있고 도달
하기가 무척 어려운 것이라고 생각한다. 또 우리는 붓다를 너무도
오래 전에 떠나신 분으로 간주한다. 그러나 닙바나란 가깝게 두려
는 자에겐 가까운 것이고, 붓다의 법을 참되게 지니면 붓다도 가까
이 있다. 붓다께서 '법을 보는 것이 나를 보는 것'이라고 하시지 않
았던가. 선정에 들어 빛나는 지혜의 빛을 항상 가슴에 두면 제대로
경전을 지니는 것이며 붓다는 가슴 속에 있게 된다.

오늘날 고도로 발달된 문명의 충격에 인간의 정체성마저 흔들리
고 있다. 물질문명은 끝없이 발전하는데, 인간의 정신은 혼돈에 빠

져 갈피를 잡지 못하고 있는 실정이다. 정체성을 잊어버리고 우선 괴로움을 모면해 보려고 감각적 욕망에 빠져 쾌락을 찾아 스포츠나 섹스를 탐닉하거나, 스크린 속을 헤매고 있다. 이러한 시대에 인간이 괴로움으로부터 완전히 벗어나는 진실한 길이 있다면, 누구나 믿고 따라야 옳지 않겠는가!

모든 괴로움을 벗어날 수 있는 유일한 길은 바로 닙바나로 가는 것이다. 모든 번뇌를 소멸하고 해탈하여 무한히 자유로운 우주적인 삶으로 진화할 수 있는 길이다. 닙바나는 깨달음을 얻어 이 세상을 특별한 방법으로 사는 것이 아니다. 닙바나를 보면 족쇄와 같은 장애들이 제거되어 깨끗하고 자유롭게 된다. 이것을 행복이라고 말한다면 영원하고 궁극적인 행복이라고 말해야 할 것이다.

고통과 윤회로부터 벗어나는 길

유럽이나 미국 등 세계 곳곳에서는 재가자들끼리 주말과 같은 때

주기적으로 모여서 수행하는 풍토가 조성되고 있다.

우리도 얼마든지 재가생활을 하며 그렇게 해 볼 수 있다.

종교의 영역을 벗어나 뜻이 맞는 재가자들끼리

소규모로 집중수행을 함께 해서 좋은 성과를 얻을 수 있다.

재가생활로 인해 도와 과를 얻지 못할 까닭은 없다.

출가 수행자들만 해탈을 성취하는 것이 아니다. 세속에 살
면서도 마음속의 족쇄와 장애를 이기고 고결하게 살아가
는 재가 불자들이 있다. 이들 가운데 세 번째 성위 불환과
를 성취한 이들이 많으니라. 그들이 다시는 이 사바세계에
돌아올 일이 없을 것이다.(맛지마 니까야 73)

사람은 누구나 기능을 가지고 있으며 정진으로 품성을 바꿀 수
있고, 지혜를 계속 닦으면 마침내 해탈할 수 있다. 재가자가 도와
과를 얻은 예는 법구경에 무려 3,123명이나 되는 사례가 있다는 통
계를 본 일도 있다.(김재영 『붓다의 대중견성운동』) 수행에는 출가자
와 재가자의 구분이 따로 없다. 단지 출가자는 수행에 전념할 수
있다는 점이 재가자보다 정진에 도움이 될 뿐이다.

재가생활을 하다가 집중수행을 위해 일정기간 출가하여 승가생
활을 하며 수행을 하고 다시 재가로 돌아오면 된다. 남방의 상좌부
에서는 흔히 있는 일이다. 그리고 전통적인 승가가 없던 유럽이
나 미국 등 세계 곳곳에서는 재가자들끼리 주말과 같은 때 주기적
으로 모여서 수행하는 풍토가 조성되고 있다. 우리도 얼마든지 재
가생활을 하며 그렇게 해 볼 수 있다. 종교의 영역을 벗어나 뜻이
맞는 재가자들끼리 소규모로 집중수행을 함께 해서 좋은 성과를

얻을 수 있다. 재가생활로 인해 도와 과를 얻지 못할 까닭은 없다.

　원래 붓다께서 발견한 성스러운 길은 고통과 윤회로부터 벗어나는 해탈이었다. 자아가 있다는 망상을 없애고 탐욕의 불길을 소멸하는 과정을 차질 없이 진행한다면, 누구든 어디서나 신비롭고 비약적인 닙바나를 보게 될 것이다. 그런데 이 목표달성을 언제 어디서부터인가 우리와 같은 보통사람들이 할 수 있는 일이 아니라는 말들을 하게 되었다. 세속에 사는 보통 사람들이 할 수 있는 것은 선행을 실천하여 공덕을 쌓아서 다음 생을 기약해야 한다는 것이었다. 그래서 이번 생은 해탈할 수 없으니 후생을 위한 준비과정으로 생각하며 앞으로도 여러 생에 걸쳐 차츰차츰 닙바나로 향해 갈 수밖에 없다는 교리를 믿게 되었다. 그래서 신심 있는 불자는 선인선과에 부합된 도덕규율을 실천하며 헌신적이고 조화롭게 행복한 일상을 누리면 되는 것으로 알았다.

　그렇게 오랫동안 생활 속 불교 차원에 매몰되었다가 지금에 와서는 현대의 과학물질문명의 충격으로 그것마저도 점점 무력화 되어가고 있다. 그래서 지금 '한국불교가 어렵다'고 말들을 한다. 자유로운 현대인들은 종교의 의례의식을 따르기 싫어하고 승가제도에 구애받기도 싫어한다. 젊은이들의 출가마저 해마다 줄어 스님이 없는 절이 늘어나는 실정이라고 한다.

 특히 현대의 다양한 교육을 많이 받은 젊은이들은 철학적 형이상학적인 오묘한 대승의 교학에 호기심을 갖지 못하고 멀어지고 있다. 반면에 니까야가 한글로 번역되고 초기불교의 안내서들이 나오면서 붓다의 쉽고 정확한 가르침을 만날 수 있게 되었다. 따라서 수행도 누구나 실천 가능한 사념처수행과 같은 쉽고 효과적인 수행법에 자연적으로 관심을 가지면서 탈종교화 현상이 일어나게 되었다.

 오늘날 물질문명의 충격으로 인하여 실존의 위기의식에 빠져있던 사람들은 마음챙김과 알아차림 수행으로 본래의 불법으로 돌아가 선정과 닙바나를 증득하는 길을 찾고 있다. 옛 시대에는 윤회에서 벗어나는 것에 주된 목적이 있었다면, 오늘날은 불법수행을 함으로써 자신에 대한 이해와 마음에 대한 통제력이 커지고 행복과 만족감을 얻는 응용불교에 일차적인 성취를 하고 있다. 그리고 집중수행을 통해 선정을 얻고 장애되는 마음에서 해탈하는 정통 불법으로 나아가 결국 닙바나를 증득함으로써 재생과 윤회로부터의 해방을 최종 목표로 한다. 그것은 바로 현생의 행복과 내생의 행복에 이어 궁극적 행복을 순차적으로 성취하게 되는 과정이다. 이렇게 수행해서 고통에서 벗어나고, 닙바나로 살아가는 삶을 추구하는 것이 이 시대의 진정한 불자라고 할 수 있을 것이다.

불법수행은 바로 지금 여기에 있는 진리를 보지 못하게 하는 장애를 제거하는 과정이라고 할 수 있다. 행위는 계로 다스려 장애를 제거하고, 마음은 선정으로 장애를 제거해서 지혜가 드러날 수 있게 순차적으로 여건을 조성해야 한다. 그렇게 붓다의 가르침대로 수행과정을 정확히 닦아 가면 닙바나를 증득하면서 장애는 차츰차츰 소멸하게 된다. 마음에 장애가 모두 없어지면 완전한 마음의 자유를 얻게 되어 붓다의 본래 의도대로 괴로움과 윤회를 종식시키게 되는 것이다.

이렇게 마음의 평화를 얻는 이가 많아야 한다. 그리고 불법의 수행체계를 우리 삶에 적용할 수 있어야 한다. 이 세상을 닙바나로 살라는 붓다의 가르침을 수행하는 삶이 되어야 한다. 그것을 실현하지 못하면 아무리 잘 먹고 잘 살아도 성공한 인생이 되지 못한다는 것을 알아야 한다.

선정, 지혜를 얻는 수행과정

선정은 번뇌와 집착이 멈춘 상태다.

쾌락을 탐하지 않고, 욕구충동이 일어나는 버릇이 정지된다.

선정은 욕망 충족의 목표보다 더 큰 기쁨과 의미가 있다.

선정의 집중력은 인지의 변화로 여실하게 지혜를 보게 된다.

따라서 마음이 맑아야 그렇게 직관할 수 있다.

이런 것들은 열반을 보는 데 꼭 필요한 능력이고 수단이기도 하다.

비구들이여, 삼매를 닦아라. 삼매에 든 비구는 법을 있는 그대로 꿰뚫어 보고 안다.(상윳따 니까야 22:5)

붓다의 이 말씀과 같이 선정은 지혜 수행을 하는 데 중요한 토대가 된다. 그래서 수행자는 먼저 사마타 수행으로 선정을 닦는다. 선정을 닦는 방법은 대부분의 수행자들은 들숨날숨을 알아차리는 수행을 하는데, 이 방법은 누구나 쉽게 할 수 있어서 선정을 얻는 이가 많기 때문이라고 한다.

비구들이여, 이 들숨날숨에 마음챙김을 통한 삼매를 닦고 많이 공부하면, 전적으로 고요하고 수승하고 행복하게 머물고 나쁘고 해로운 법들이 일어나는 즉시 이들을 사라지게 하고 가라앉게 한다.(상윳따 니까야 54:9)

초선정이 되면 나쁘고 해로운 법들인 다섯 가지 장애를 버리고 대신 다섯 가지 선정요소를 갖추게 된다. 다섯 가지 장애는 감각적 쾌락의 욕망, 악의, 해태와 졸음, 들뜸과 후회, 의심이다. 앞의 두 장애는 가장 강력하여 선정 수행에 큰 장애가 되는 것으로 탐욕과 성냄을 수반하고, 다른 세 가지는 어리석음을 수반하고 있다. 이러한 다섯 장애를 떠나서 그 대신 생겨난 다섯 가지 선정요소는 사유를 갖추고 숙고하며, 멀리 떠남에서 생겨난 기쁨과 행복을 갖춘 집중으로 초선정을 성취한다. 그리고 이선정은 사유와 숙고를 제거함으로써 얻게 되며, 삼선정은 기쁨을 제거하고 사선정은 행복을 평온으로 대체함으로써 얻게 된다.

이러한 선정은 완벽한 단순성인 집중으로 이루어진다. 현대인들이 선정을 잘 얻지 못하는 원인은 의외로 단순한 일을 잘못하여 집중에 어려움을 겪는 것으로 볼 수 있다. 지능이 발달한 사람의 습성대로 늘 머리를 써서 해보려고 하는 데서 문제가 발생한다. 단순한 마음으로 간단한 호흡을 보는 것인데 자꾸 머리를 쓴다. 그러나 머리를 굴려서 선정을 얻는 법은 없다. 마음을 집중하지 못하고 움직이면 안정이 안 된다. 머리를 쓰면 쓸수록 선정과 멀어지는데도 자신도 모르게 머리를 쓰고 있다.

왜 사람들은 머리를 쓰려고만 하는가. 아마 인간이 진화과정에서 살아남기 위해서는 부단히 경계하며 머리를 빨리 회전시켜야 했기 때문일 것이다. 생존경쟁에서 인간이 이길 수 있는 방법은 머리를 잘 쓰는 것이었다. 그래서 지금 사람들의 습관도 복잡한 것을 머리를 써서 해결하는 일에 너무나 익숙해 있다. 그래서 단순한 일을 바로 단순하게 하지 못하고 복잡하게 대해서 어려움을 자초하는 것을 볼 수 있다.

　불법수행은 팔정도를 닦는 것이다. 팔정도는 계·정·혜 삼학으로 되어있다. 삼학 중 정학에 해당하는 정정(正定)은 사선정을 얻으면 닦게 된다고 대념처경에서 말하였다. 청정도론에서는 무색계선정과 근접삼매도 포함해서 정정이라고 말하고 있지만, 근접삼매는 본삼매에 드는 과정에서 거치게 되고, 무색계도 모두 사선정의 선정요소를 유지한 상태에서 이루어지며 단지 대상만 바뀌므로 크게 봐서 사선정의 범주에 넣어 볼 수도 있겠다.

　선정은 생각과 사색의 대상이 아니므로 번뇌와 집착이 멈춘 상태다. 쾌락을 탐하지 않고, 욕구충동이 일어나는 버릇이 정지된다. 선정은 욕망 충족의 목표보다 더 큰 기쁨과 의미가 있다. 선정의 집중력은 인지의 변화로 여실하게 지혜를 보게 된다. 따라서 마음이 맑아야 그렇게 직관할 수 있다. 이런 것들은 열반을 보는 데 꼭 필요한 능력이고 수단이기도 하다.

　　팔정도를 닦아 선정을 얻게 되면 이 선정의 집중력을 이용해서 지혜수행으로 도와 과를 얻게 된다. 도와 과를 얻어야 성자가 되고, 바른 지혜와 바른 해탈을 갖추게 된다. 바

른 지혜는 팔정도에 이어서 구정도가 되고 바른 해탈은 십
정도가 된다. 그러므로 출세간의 수행자는 십정도를 갖추
게 된다. 바른 지혜는 예류자부터 바른 반조의 지혜 즉 해
탈지견을 가짐을 말하고, 바른 해탈은 과를 통한 해탈을
구족한 것을 말한다.(상윳따 니까야 55:26. 47:13)

십정도를 갖춘 사상팔배의 수행자라고 해서 희유하고 특별한 인
생을 사는 것이 아니다. 다만 무명으로 인한 생존욕과 본능적 충동
을 벗어나 고뇌하지 않고 자유롭다. 홀로 명상하다 착한 벗과 함께
정진하며 자기 정화된 일상생활을 묵묵히 사는 수행자일 뿐이다.

그런 삶의 실천은 팔정도 수행으로 선정을 얻고 위빠사나로 닙바
나를 증득하여 십정도를 구족함으로써 이루어진다. 선정은 지혜를
얻는 수행과정에서 마음을 다스리는 수단이다. 선정을 닦는 것은
지혜수행의 토대가 되므로 든든하게 쌓아야 한다.

한 걸음 한 걸음 자기혁명에 이르는 길

산꼭대기를 바라보면서 등산을 하면 힘이 더 든다.

앞만 보고 한 걸음 한 걸음 걷다 보면 어느 사이에

더 오르막이 없는 곳에 이르게 된다.

산을 자주 오르다 보면 자연에 동화되어 재미있는 취미로 할 수 있는 것과 같이,

수행도 습관이 되면 힘겹지 않고 단계 단계의 과제를 즐기면서

효과적으로 성취해 나갈 수 있다.

생명은 약 사십억 년 전 물속에서 시작되어 수십 억 년을 물속에서 살다가, 물 밖의 밝은 세상으로 나가기를 원하여 오랜 시도 끝에 물 밖으로 나오는 진화를 했을 것이라고 한다.

오늘날 고해에서 살고 있는 사람들이 고해 밖의 새로운 하늘을 보고 그 세상으로 나가는 길을 찾아 나간다면, 물속에서 물 밖으로 나온 생명 못잖은 진화를 하는 것이 될 것이다. 이러한 일은 인류가 할 수 있는 마지막 진화이며 축복이라고 할 수 있다.

슬픔, 탄식, 괴로움, 불만족, 절망의 고해에서 삶과 죽음의 윤회의 바퀴에 끌려가고 있는 세상에서는 알 수 없는 체제의 자연현상계 닙바나를 발견한 고따마 붓다는 이 진화로 갈 수 있는 길을 찾았다. 이 진화의 길을 간 붓다는 이 길을 누구나 갈 수 있도록 수행과정의 이정표를 만들어 놓았다.

'닙바나가 있고 닙바나에 이르는 길이 있다. 나는 이 길을 보여줄 뿐이다. 와서 보면 보이는 것이다.'라고 하면서 붓다는 수학의 공식처럼 일정한 순서를 거치는 과정을 설명해 주었다. 그때 붓다를 따르던 수많은 사마나(samana, 沙門, 진리를 찾는 수행자)들은 그 길을 따라가서 닙바나를 보고 사상팔배의 제자들이 되었다. 그 고귀한 가르침은 계속 이어져 오늘날까지 테라와다(thera-vāda, 上座部)에 그대로 전해지고 있다. 지금도 남방의 붓다 가르침에 정통한 명상센터에서는 닙바나를 보는 사람들이 속출하고 있다. 그들은 체계적인 정통수행으로 묵묵히 닙바나의 길을 가고 있을 따름이다.

닙바나를 현실과는 먼 이상으로 생각하거나 죽음 또는 죽어서 가는 곳으로 생각해서는 안 된다. 붓다께서는 지금 여기 와서 보라고 하셨다. 닙바나란 현실로부터 유리된 초월적인 세계를 말하는 것이 아니라 일상생활에서 번뇌하지 않고 집착하지 않는 가운데 실현되는 절제된 경지를 말한다. 닙바나는 결코 죽음에 관한 것이 아니다. 닙바나는 오늘 바로 이 순간 현실적인 괴로움을 극복하는 것을 지향하고 있다.

닙바나를 보면 끝없이 일어나는 애욕이 사라지고 감각적 쾌락을 탐하지 않고 본능적 충동에서 벗어나 자유롭고 만족한 상태로 살게 된다. 그리고 닙바나를 보았다고 특이한 변화나 능력이 생겨서 이상한 행동을 하는 것이 아니다. 단지 마음이 정화되어 갈애와 취착을 일으키지 않고 밝은 마음으로 깨끗한 생각을 하며 모든 활동에 정량을 알고 절제를 하게 된다. 초능력을 발휘하는 것도 아니고 일상생활을 여여하게 살다보니, 오히려 가족이나 친구, 가까운 사람들에게 인정받기가 더 어렵다. 자신들과 전혀 다르지 않으면서 인간적인 능력 면에서는 자신들보다 훨씬 뒤떨어지는 면이 있기 때문이다.

납바나로 가는 수행은 계단을 오르듯 한 계단 한 계단 밟아 가다가 등성이에 이르러 온 길을 돌아다보며 쉴 수도 있다. 산꼭대기를 바라보면서 등산을 하면 힘이 더 든다. 앞만 보고 한 걸음 한 걸음 걷다 보면 어느 사이에 더 오르막이 없는 곳에 이르게 된다. 산을 자주 오르다 보면 자연에 동화되어 재미있는 취미로 할 수 있는 것과 같이, 수행도 습관이 되면 힘겹지 않고 단계 단계의 과제를 즐기면서 효과적으로 성취해 나갈 수 있다.

간화선은 바로 정상을 향해 올라가는 돈오법이라서 계단도 잘 만들어져 있지 않고, 중간에 선정과 같은 봉우리도 없어서 쉴만한 장소도 마땅히 없어 보인다. 사마타 위빠사나 수행은 프로세스가 체계적으로 되어있어, 한 단계를 성취할 때마다 깨달음이 있고 보람을 만끽할 수 있다. 누구든 그런 과정들을 차질 없이 닦아 간다면 끝내는 한순간 불현듯 도의 정신과정이 비약적으로 일어나는 것을 볼 수 있게 된다. 그래서 과학적이라고 한다. 과학적이지만 달리 증명할 방법이 없고, 직접 명상으로 증명해야만 된다.

납바나 증득은 자기혁명이라고 할 수도 있다. 심적 대이변으로 새로운 하늘이 트여오는 것을 본다. 납바나를 보면 그 밝음에 엄청난 충격을 경험하면서 마음이 일신되어 염오하던 족쇄라고 하는 장애들이 사라져 고뇌하지 않고 자유롭게 살 수 있게 된다.

인생을 살아가면서 빨리 하면 할수록 좋은 것이 납바나를 증득하는 일이다. 이 일을 하는 것이 바른 수행자의 길이며, 인생을 가장 행복하게 사는 방법이라고 할 수 있겠다.

궁극적으로 행복한 삶이란?

인간이 할 수 있는 최고의 가치인 마지막 진화이자 지고지선한 일이

바로 닙바나를 보는 일이다.

닙바나를 보고 살아야 궁극적으로 행복한 삶이 된다.

이생에서 닙바나를 체득하지 않고는 인생을 제대로 살았다고 할 수 없다.

한국불교는 1,700년의 역사를 자랑한다. 대승불교의 전통을 이어오면서 철학적이고 형이상학적인 수승한 교학이 체계를 이루고 있고, 수행방법은 선, 염불, 간경, 기도, 주력, 절 등 다양하여 통불교라고도 한다. 그중 간화선은 최상승선이라고 자부한다. 그래서 한국불교를 세계화하자고 하는 것 같다.

그런데 연전에 마성 스님(팔리 문헌 연구소장)의 글을 보니 그렇지만은 않은 것 같았다. 이 스님은 스리랑카 팔리 불교대학교 불교사회철학과 철학박사 학위도 받은 경력으로 보아 세계불교를 잘 알고 있는 것 같았다. 그 글에서 '한국불교 무엇을 세계화할 것인가?'를 먼저 생각해 보았다고 한 것이 특히 기억에 남는다. 간화선은 중국 선불교에서 유래된 수행법이지만 중국에서는 이미 폐기한 수행법으로, 대중이 접근하기 어려운 돈오법이라서 미국에서 숭산 스님도 전파에 어려움을 절감해봤고, 일본이 벌써 '젠(Zen)'이라고 하여 전파했으나 별 성과를 얻지 못했다고 한다. 교학은 다 알려져 있는 것이므로 할 만한 것이 없는데, 무엇을 새삼스럽게 세계화하자고 하는지 모르겠다는 것이었다. 그런데 다시 보니 세계불교에는 없고 한국에만 있는 독특한 두 가지 불교가 있다고 했다. 그것은 스님이 술 먹는 것과 도박을 하는 것이라고 했다. 아마 같은 스님으로서 자조와 자탄으로 하는 말씀이겠지만, 정말 한국불교를 세계에 내놓을 만한 것이 그렇게도 없을까 하는 생각을 해보게 되었다.

여기서 관점을 바꿔 보면, 한국불교 세계화는 한국불교를 세계에 알려서 세계불교를 한국불교와 같이 하는 것만이 아니고, 한국불교도 세계불교를 받아들여 세계불교와 같이 되는 것도 한국불교의 세계화라고 할 수 있다. 지금 한국불교에 진정으로 필요한 세계화는 한국불교도 세계불교와 같이 되는 것이라고 생각한다. 그래서 한국불교에도 사념처수행과 같은 쉬운 수행법으로 세계화된 수행문화가 정착되고 꽃을 피웠으면 하는 순수한 바람을 가져본다. 이미 정평이 난 간화선으로 참나를 찾을 사람은 찾되 다른 수행법에도 문호를 적극적으로 개방해야 한다. 그래서 한국불교 따로 있고 세계불교 따로 있지 않게 되어야 한다. 불교문화는 전통을 유지하더라도 교학과 수행은 붓다의 정통법을 따르면 한국불교의 세계화는 이루어질 것이다.

고따마 붓다는 한 분이고 가르침도 한 가지임이 분명한데, 어찌 여러 종류의 불교가 있어야 하는가. 불교가 전파되어 그 지역의 문화와 융합되면서 다양한 불교문화는 있을 수 있으나 붓다의 근본 가르침은 하나일 수밖에 없다. 오늘날 세계불교학자들은 붓다의 가르침을 면밀히 연구해서 모두 정확히 밝혀놓았다. 그것을 세계

불교도들이 공유하고 있다. 붓다와 그 제자들이 수행한 내용을 정확히 파악하여 현대에도 효과적으로 적용할 수 있도록 체계화 하였다. 따라서 한국불교도 세계화하기 위해 이런 추세에 뒤처지지 말고 적극적으로 동참하여 수용하면 된다. 이제는 기복적인 의례 의식과 죽은 자를 위한 제사와 철학적 형이상학적인 교학에 경도되어 이미 없어진 지 천 년도 넘은 소승부파불교라고 하며 세계불교를 외면하는 미망에서 벗어나야 한다.

 어떤 법을 버려야 할지 깔라마 경을 보고 신중히 판단해보면 좋을 것 같다.

> 깔라마들이여, 소문으로 들었다고 해서, 대대로 전승되어 온다고 해서, '그렇다 하더라.'고 해서, 우리의 성전에 쓰여 있다고 해서, 논리적이라고 해서, 이유가 적절하다고 해서, 우리가 사색하여 얻은 견해와 일치한다고 해서, 유력한 사람이 한 말이라고 해서, 혹은 '이 사문이 우리 스승이시다.'라는 생각 때문에 진실이라고 받아들이지 말라.(앙굿따라 니까야 3:65)

붓다의 가르침이 고스란히 들어있는 니까야를 보고 거기 쓰여 있는 가르침대로 수행하여 거기 쓰여 있는 것과 같이 되는 것이 불교다. 불교수행은 현생도 행복하고 내생에도 행복하고 궁극적으로 영원히 행복하게 되는 것을 목적으로 한다. 지금 세계 불교는 현생의 행복을 위해 먼저 응용불교가 활성화되는 현상이 일어나고 있다. 불교수행으로 얻은 경험을 현실 삶에 활용하는 것이 현대 세계 불교의 대세인 응용불교다. 응용불교는 인성교육부터 병고의 치유 등 웰빙은 물론이고 죽음까지 행복하게 웰다잉 할 수 있도록 활용도가 인생 전반에 걸쳐 다양하다.

어느 시대 어느 곳에서든 붓다의 주된 가르침은 사성제를 닦아 닙바나를 증득하여 성스럽게 사는 것이다. 닙바나를 추구하지 않으면 진정한 불자가 될 수 없다. 닙바나를 보면 붓다의 가르침을 이어 받은 제자가 되고 참 삶을 살게 된다. 인간이 할 수 있는 최고의 가치인 마지막 진화이자 지고지선한 일이 바로 닙바나를 보는 일이다. 닙바나를 보고 살아야 궁극적으로 행복한 삶이 된다. 이생에서 닙바나를 체득하지 않고는 인생을 제대로 살았다고 할 수 없다.

열반을 죽음이라고 하는 불교는 죽은 불교가 될 수밖에 없다. 살아서 닙바나를 보지 못하면 죽어서도 닙바나를 보지 못한다. 지금 여기서 닙바나를 보아야만 진정한 붓다의 제자라고 할 수 있다.

종교를 벗어나 진리를 찾는 사람들

사마나들이 만나 문답을 통하여 수행 주제를 가지고 수행에 매진했던 것처럼,

우리도 현실에 알맞은 방법으로 실천해 볼 수 있다.

뜻 맞는 수행자들이 만나 서로 묻고 실천하는 모임에 참여하며

정신능력을 개발하고 진리답게 살면 된다.

때로는 소수 인원이 조용한 장소에서 집중수행으로 성과를 얻고,

돌아가 실생활에 응용하면 된다.

종교를 떠나는 사람들이 전에는 서구에서 많이 나타나고 있다고 들렸으나, 지금은 어디서나 어느 종교에서든 볼 수 있는 세계적인 현상이 되었다고 한다. 현대 지식인들에게 종교의 의례의식으로는 그들의 고통을 해결하기가 어려워졌다. 종교마다 있기 마련인 계율과 금기도 현대인의 다양하게 발전한 삶에 부합하기 어렵게 된 것 같다. 일반 교육이 확대되고 지식수준이 높아진 현대인들에게 문명이 이렇게 발달하기 전에 체계화된 종교 자체가 실생활과 맞지 않는 측면도 있을 것이다. 학문이 발전하고 통섭되어 종교와도 영역이 해체되고, 종교 간의 경계도 허물어지게 되었다. 정보화 사회의 한 개인이 여러 종교를 학문으로 연구하기도 하고, 종파에 제한 없이 진리의 순례길을 다니기도 한다.

종교의 영역이 모호해지는 반면에 일부 종교는 그 반작용으로 더욱 강화된 도그마로 무장하고, 자신들과 대립되는 집단에 폭력을 행사하는 현상이 일어나고 있다. 평화를 가져다줘야 할 종교가 평화를 해치고 있다. 오늘도 세계는 종교전쟁을 하고 있다. 평화로운 세상은 종교가 없는 세상이 아닐까 하는 생각을 해보게도 된다.

현대인에게 도움이 되지 않는 종교를 벗어나는 사람들이 늘어나고 있다. 고따마 붓다도 출가 전에 이와 비슷한 경험을 했을 것 같다. 브라만의 제사의식 위주의 교의를 벗어나 새로운 진리를 찾아 나섰으니 말이다. 출가한 고따마는 이미 그 길을 걷고 있던 소위 육사외도들과 같이 사마나(沙門, samana, 진리를 찾는 사람)가 되어 선정을 닦고 고행하던 끝에 드디어 중도를 발견하고 위빠사나로 닙바나를 증득할 수 있었다.

기존 종교의 틀에서 벗어나 진리를 찾고 싶은 우리도 고따마가 출가하여 사마나가 된 것처럼 근본정신으로 돌아가 붓다의 가르침을 현실화하면 될 것이다. 사마나들이 만나 문답을 통하여 수행 주제를 가지고 각자 수행에 매진했던 것처럼, 우리도 오늘날의 현실에 알맞은 방법으로 실천해 볼 수 있다. 뜻 맞는 수행자들이 만나 서로 묻고 실천하는 모임에 참여하며 정신능력을 개발하고 진리답게 살면 된다. 때로는 소수 인원이 조용한 장소에서 집중수행으로 성과를 얻고, 돌아가 실생활에 응용하면 된다.

이렇게 하면 수행이 생활에 바로 적용되는 효과를 볼 수 있고, 닙바나 증득을 실천하는 성스러운 삶을 목표로 살아가게 된다. 그래서 인간성 상실의 절망을 극복하고 불교가 지향하는 궁극적 행복으로 가는 길을 오롯이 걸어가는 사마나가 될 수 있다. 그러면 승가제도와 상관없고 성직자와 신도의 관계가 있을 필요가 없다. 각자 생활을 영위하는 재가자들이므로 경제적으로 자립되어 있다. 조직이 없어 얽히지 않고 자유롭다. 따라서 종교에 의존하거나 종교 속으로 숨을 필요가 없다. 사회생활을 원활하게 하면서 인간 내면의 가치를 증진할 수 있으므로 전인격적 발전을 모색하게 된다. 이 시대 지성인의 고통을 해결하는 새로운 자유를 추구하는 현대적 삶이라고 할 수 있다.

기존의 종교생활과는 달리 계에 얽매이지도 않고 종파의 수행법을 따를 필요도 없다. 때맞춰 절에 가지 않아도 되며, 명상은 언제 어디서나 할 수 있어서 삶과 분리되지 않는다. 이와 같이 생활수행을 하므로 시간과 공간의 제약을 받던 종교의 구속에서 벗어나 자유로움을 얻을 수 있다.

탈종교시대의 생활수행은 전통 불교문화의 의례주의를 벗어나고, 승가제도에 구애받지 않으며, 철학적 형이상학적 교학에 경도되지 않고 붓다의 정통 가르침인 사마타와 위빠사나를 집중수행으로 닦아서 정화된 일상생활에 응용하며, 선정과 열반을 증득하여 궁극적 행복으로 진화한다.

닙바나는 지식으로 파악되는 것이 아니고 몸으로 체득되는 진리다.

수행을 통해 번뇌의 강을 몸소 건너가야만 한다.

2부

뗏목을 만들었으면
강을 건너라

뗏목을 만들었으면 강을 건너라

뗏목만 잘 만들면 강을 건너갈 수 있을 줄 알고 조선공으로 살아서는 안 된다.

차안을 떠나 강을 건너가는 용기 있는 모험이 있어야 한다.

물속에서는 물고기처럼 물에 적응하고,

온몸에 땀이 나서 피부가 비늘처럼 미끄럽게도 되어야 한다.

선정을 얻고 도와 과를 증득하는 과정은

오직 자기 혼자의 힘으로 닦아 번뇌의 강을 건너가야 한다.

불법수행을 하여 닙바나를 보아야 피안으로 가게 된다. 닙바나는 지식으로 파악되는 것이 아니고 몸으로 체득되는 진리다. 수행을 통해 번뇌의 강을 몸소 건너가야만 한다. 불교경전을 연구하는 학자와 같은 지식인이나 교학을 많이 공부한 불자들이 번뇌의 강을 실제로 건너가지 못하고 차안에 천착하여 머물고 있는 것을 보게 되는 경우가 있다.

법을 뗏목에 비유한 붓다의 말씀을 따르면 뗏목은 아주 잘 만들었다고 볼 수 있는데, 그 뗏목을 물에 띄우고 의지해서 강을 건너가는 수행은 별로 하지 않은 것 같다. 수행도 할 만큼 해봤다고 할지 모르나, 혹시 뗏목이 떠내려 갈까봐 안전한 얕은 물가만 들락날락하며 뗏목을 건사하면서 강을 쉽게 건너갈 방법을 연구하다 세월을 보냈을지도 모른다. 지혜가 많은 사람들이 머리를 써서 일을 해결하던 습성대로 수행도 그렇게 해보려고 하는 사람을 말한다.

어쩌다 넌더리나게 염오하던 차안을 박차버리고 오직 강을 건너기 위해 온몸을 던지는 용감한 수행자도 나온다. 거친 물살을 헤치며 강의 중류로 들어가는 도전을 해서 격랑에 떠다니다 구사일생으로 건너가고야 마는 경우도 있다. 이 강을 건너는 사람들은 대부분 그런 과정을 겪어냈을 것이다. 그러므로 뗏목을 만들며 세월을 보내지 말고 나무토막(작은 경전) 몇 개라도 엮어서 굳건히 잡고 헤쳐 나가는 것이 실제로 강을 건너는 데 필요한 일이라고 할 수 있겠다. 뗏목은 단지 도하를 위한 수단에 불과하다. 뗏목을 아무리 완벽하게 잘 만들어도 물살을 헤쳐 나가지 않고는 조금도 건너편으로 다가가지 못한다.

강을 건너는 데는 여러 과정이 있다. 강의 생김새에 따라 물의 흐름이 다르고 깊이도 다르며 그때그때의 바람에 따라 물살도 변화무상하다. 그런데 뗏목만 크고 멋지게 만든다고 쉽게 건널 수 있겠는가. 뗏목이 너무 크면 물에 띄우기 어려울 수도 있고, 너무 무거우면 노를 저어도 움직이지 않을 수도 있다. 이 번뇌의 강은 사람마다 달라서 누구나 자기 혼자 건너야만 하는 외로운 도전이라는 것을 알아야 한다. 그러므로 각개 도하의 뗏목은 자기에게 알맞은 것이 좋다.

변화무상한 강을 건너는 데 한 가지 기술만으로 저어나간다고 건너갈 수 있을까? 건너본 사람이 나는 이렇게 건넜다면서 다른 사람들도 이렇게 건너면 된다고 하는 것도 꼭 맞지는 않다. 그 방법이 자기 근기에 잘 맞는 사람이 있다면 효과적일 수 있지만, 사람마다 기질이 다른데 누구나 할 수 있다고 하는 것은 옳지 않다. 붓다께서도 '내가 해보니 좋다고 다른 사람에게도 좋을 것이라고 권하지 말고, 내가 해보니 좋지 못했던 것은 다른 사람에게도 좋지 못할 것이라고 그것은 말해주라.'고 하셨다.

진리를 말로만 이해할 뿐 직접 몸으로 체험하지 못하고 때를 놓쳐서는 안 된다. 사성제를 닦아 닙바나로 가는 것은 세속의 흐름을 거슬러 나아가야 한다. 우리 마음을 밑바닥에서부터 온통 바꾸어 놓는 비상한 노력을 해야 한다.

교학으로는 사성제를 잘 이해하고 진리를 갈구하면서도 세속의 흐름을 건너지 못하는 사람이 흔한 세상이다. 세속의 욕망 추구에서 단맛을 본 사람은 그 갈애와 집착이 뿌리 깊게 박혀 있음을 알아야 한다. 소위 세속에서 성공을 맛본 사람은 그 집착을 끊었다고 생각해도, 자신도 모르게 그 단맛을 끊지 못하고 한 발은 여전히 풍진에 두고 있지 않는지 잘 살펴보아야 한다. 세속의 삶에 복이 너무 많으면 피안을 찾을 마음을 내지 못한다. 언젠가 그 복이 다해 불행을 만나고 괴로움을 겪게 되었을 때 명상을 찾게 된다.

사람들은 짧은 즐거움이 지나가고 괴로움을 오래 겪으면서 진정한 행복을 찾아 출리하고 수행을 할 수밖에 없다는 것을 깨닫게 된다. 세속의 흐름을 따돌리고 안전한 피안으로 가기 위해서는 먼저 세속에 대해 넌더리가 나도록 염오하고 철저하게 이욕을 해야 한다.

뗏목만 잘 만들면 강을 건너갈 수 있을 줄 알고 조선공으로 살아서는 안 된다. 차안을 떠나 강을 건너가는 용기 있는 모험이 있어야 한다. 물속에서는 물고기처럼 물에 적응하고, 온몸에 땀이 나서 피부가 비늘처럼 미끄럽게도 되어야 한다. 수행을 해서 선정을 얻고 도와 과를 증득하는 과정은 오직 자기 혼자의 힘으로 닦아 번뇌의 강을 건너가야 한다.

경전의 지식이 뗏목이라면 수행과정에서 만나는 선지식의 가르침은 부표나 이정표라고 할 수 있다. 부표는 물속에서 파도를 넘어 그곳 가까이 갔을 때 정확히 알아볼 수가 있고, 영마루에 올라가야 이정표를 보고 그 너머 갈 길을 찾을 수가 있다. 그러므로 수행은 닙바나로 가는 이정표를 하나하나 확인하며 걸어가는 것과 같고, 물살을 헤치면서 부표를 따라가는 도강과 같다고 할 수 있다.

뗏목을 만든 목적은 강을 건너가는 수단으로 사용하기 위한 것이다. 붓다의 뗏목을 이용해서 도하를 하면 누구나 피안으로 갈 수 있다는 것을 명심해야 한다. 그러면 지금 잡은 뗏목(경전)을 의지해서 바로 입수하는 방법밖에 없다.

몸과 마음을 비추어 보고

수행을 하지 않고는 반야심경을 아무리 잘 이해하고 외워도

열반이 체득되지 않는다.

마치 약 처방전만 읽고 약을 지어먹지 않는 것과 같고,

차림표만 보고 음식을 시켜먹지 않는 것과 같다.

약을 지어 먹으면 병이 낫고 음식을 만들어 먹으면 배가 부른 것과 같이,

수행을 실천하면 반드시 변화가 일어나 결과를 얻을 수 있다.

오온이 공한 것을 비추어 보고 온갖 고통을 건너느니라.

(照見五蘊皆空度一切苦厄, cayaṃ caramāṇo vyaldkayatisma)

불자라면 누구나 이 구절을 기억할 것이다. 반야심경의 머리 부분에 나오는 핵심구절이다. 반야심경에서 수행에 대한 가르침은 이 한마디로 다하고 있다. 깊은 지혜의 완성을 실천할 때는 이렇게 행해야 한다는 말씀이다. 몸과 마음을 비추어보고 실체가 없이 연기되어 있는 것을 확인하여 삶과 죽음의 고통에서 벗어난다는 내용이다. 다시 말하면 몸과 마음이 공한 것을 비추어 보아야 지혜를 완성한다는 뜻이다. 한문 조견(照見)과 범어 vyavalokayati도 비추다와 본다는 뜻이 합쳐진 단어다. 이 한마디로 반야심경은 모든 내용을 비추어 보는 수행으로 증득해야 한다는 것을 말하고 있다.

오온이 공한 것을 비추어 보라고 한 것은, 색인 몸의 물질을 비추어 보고 수·상·행·식으로 되어 있는 정신을 비추어 보고서 모두 공한 것을 알아야 한다는 뜻이다. 그러면 어떻게 비추어 보아야 하는가. 그것은 붓다께서 설하신 방법대로 하면 된다.

바른 삼매를 갖춘 사람이 법을 있는 그대로 본다는 것은
순리에 따른 자연스런 과정이다.(앙굿따라 니까야 10:3)

그러면 비구들이여, 조건 지어지지 않은 법으로 인도하는 길은 무엇인가? 사마타와 위빠사나이다. 이것을 일컬어 조건 지어지지 않은 법으로 인도하는 길이라 한다.(상윳따 니까야 43:2)

바로 사마타와 위빠사나를 닦으면 된다는 말씀이다. 한문으로 지·관(止·觀) 수행을 뜻한다. 먼저 집중력을 개발하여 선정을 닦아 밝은 지혜의 빛으로 몸과 마음을 비추어서 궁극적 실재를 위빠사나 지혜로 꿰뚫어 보고 알아야 한다. 그러면 나라고 생각했던 몸과 마음은 실체가 없고, 정신과 물질이 찰라 생 찰라 멸하며 상속하는 것을 보고 공한 것을 알게 된다.

온(蘊)이란 무더기라는 뜻으로 깔라빠를 말한다. 물질은 깔라빠 종류에 따라 그 속에 들어 있는 여덟 가지 이상의 궁극적 물질을 식별해야 한다. 즉, 지·수·화·풍·색깔·맛·냄새·영양소와 추가된 궁극적 물질을 식별해야 한다. 정신은 색에 의지해서 일어 났다 사라졌다 하는 한 심찰라를 포착해서 마음과 마음부수를 식별해야만 한다. 깔라빠 속의 궁극적 물질을 식별해야 색을 비추어 보는 것이 되고, 그 물질에 의지해서 일어나는 정신과정을 식별해 봐야만 수·상·행·식을 비추어 보는 것이 된다. 정신과 물질이 찰라 생 찰라 멸하면서 상속하는 것을 비추어 보고, 나라고 할 만한 실체가 존재하지 않고 공하다는 것을 깨닫게 된다.

이렇게 깨달은 공을 무상 · 고 · 무아로 식별하는 위빠사나로 닦아서 상카라의 평온의 지혜가 무르익어 절정에 이르게 되면, 한순간에 조건 지어지지 않은 법인 도의 정신과정이 일어난다. 이렇게 닙바나를 증득하여 모든 괴로움과 죽음까지도 벗어나는 지혜를 완성하라는 가르침이 반야심경의 핵심내용이다.

이와 같이 비추어 보는 수행은 오온에 이어서 기술되는 12처, 18계, 12연기, 4성제도 그대로 적용되어야 한다. 즉 사마타 위빠사나로 12처와 18계도, 12연기와 4성제도 비추어서 꿰뚫어 보아야 한다. 6문과 6경 그리고 6식에서 물질과 정신을 깔라빠로 보고 무상 · 고 · 무아임을 식별해야 한다. 12연기 수행은 전생과 현생, 내생으로 이어지는 인과관계를 식별하고 역관으로 멸성제를 닦아야 한다. 이와 같이 4성제를 올바로 닦아야만 공을 체득하고 닙바나를 증득하게 된다.

결국 이렇게 수행해서 장애가 완전히 제거된 닙바나에 들어가야 한다는 내용이다. 이러한 반야심경을 외우기만 잘한다고 무엇이 될 수 있겠는가? 아무리 정확하게 철저히 이해한들 구경열반을 성취할 수 있겠는가? 반야심경을 보지 않아도 사마타 위빠사나 수행을 잘하면 지혜를 완성할 수 있다. 그러나 수행을 하지 않고는 반야심경을 아무리 잘 이해하고 외워봐도 열반이 체득되지 않는다. 마치 약 처방전만 읽고 약을 지어먹지 않는 것과 같고, 차림표만 보고 음식을 시켜먹지 않는 것과 같다. 아무리 약의 성분을 잘 알고 음식의 맛과 향을 잘 알아도 그것은 상상일 뿐이다. 약을 지어먹으면 병이 낫고 음식을 만들어 먹으면 배가 부른 것과 같이, 수행을 실천하면 반드시 변화가 일어나 결과를 얻을 수 있다.

불교의 지혜를 신비스럽게 만들거나 자꾸 고매하고 성스러운 것으로 만들지 말아야 한다. 경을 주문처럼 외우기만 하면 신비한 일이 일어날 것처럼 만들지도 말아야 한다. 그럴수록 붓다의 가르침과 멀어지고, 우리의 삶과도 동떨어지기 때문이다. 경을 보고 이해했으면 직접 수행으로 마음을 그렇게 변화시켜서 현실의 삶을 살아야 한다.

결국 반야심경의 내용은 비추어 보는 수행으로 도와 과를 얻어 온갖 괴로움의 족쇄들을 제거하고 해탈하여 진실로 궁극적 행복을 누리라는 것이 된다. 비추어 보는 수행을 해야만 얻을 수 있는 가장 신비스러운 것은 위빠사나의 지혜가 무르익어 도의 정신과정이 일어나는 것이고, 가장 밝은 것은 닙바나를 보는 것이다. 이것이 바로 완전한 닙바나 증득을 목적으로 수행하는 불교의 핵심진리라고 할 수 있다.

깨달음은 닙바나를 보기 위한 준비

닙바나로 가는 과정은 수학공식처럼 순서에 따라 풀어가야 한다.

붓다께서는 개구리가 폴짝 뛰어서 나뭇잎에 올라앉듯

그렇게 단박에 되는 수행은 없다고 말씀하셨다.

불법을 공부해서 깨달음이 생겼다면,

그것을 어떤 수행법으로 닦아야 닙바나로 갈 수 있을지 선택하는 것은

수행자에게 가장 중요한 과제라고 할 수 있다.

닙바나를 보는 것을 깨달음이라고 하는 것은 정확한 표현이 아니다. 닙바나에는 깨달음 같은 의식이 없기 때문이다. 그래서 두 낱말의 뜻을 분명하게 하여 수행자들이 혼동하지 않도록 정리해 보려고 한다.

깨달음은 의식으로 인식하는 것, 닙바나는 체험하여 증득하는 것으로 구별해 보기로 한다. 이렇게 하면 수행하여 얻는 결과를 모두 깨달음이라고 얼버무려 쓰던 용어를 어느 정도 구분해서 쓸 수 있을 것 같다. 깨달음이라는 말의 뜻이 분명하게 제한된다. 국어사전에 깨달음을 '진리나 이치 따위를 생각하고 궁리하여 알게 됨'이라고 한 뜻에도 맞는다.

수행자에게 깨달음은 진리를 바르게 인식하는 것이다. 깨달음은 고정관념을 깨고 의식이 실체에 닿음을 의미한다. 그러므로 불교에서 깨달음이라고 할 때 현실을 바르게 인식하고 해탈하는 방법을 아는 것이다. 그러나 그 방법을 잘 안다고 해탈한 것은 아니다. 해탈하는 것은 그 방법의 실천인 수행으로 닙바나를 증득하는 것이다. 증득은 수행으로 진리를 체득함을 뜻한다. 그러므로 깨달음은 어디까지나 수행을 위한 준비일 뿐이다.

깨달음은 닙바나를 보는 목적을 이루기 위한 수단이다. 설법과 토론을 통해 사유하여 깨달음을 얻고 가치관을 전환하는 것으로 불교 공부가 시작된다. 그 다음 본격적으로 닙바나를 향해 수행해 가는 과정에서도 크고 작은 깨달음은 계속 일어난다. 물질과 정신을 식별하면서 세상은 오온의 생멸이 상속할 뿐이라는 것을 깨닫고, 연기 수행을 하면서 나라고 할 만한 것이 없고 재생을 거듭하면서 이어받는 업을 상속받는다는 것도 깨닫는다. 그러나 이런 깨달음은 닙바나로 가는 과정에서 인지하는 것이지 닙바나는 아니다.

아무리 잘 깨달아도 수다원이 될 수 없다. 수다원은 반드시 수행을 통해 닙바나를 봐야만 된다. 깨달음은 수다원이 되는 길을 아는 것이다. 그 길을 아무리 잘 알아도 실제로 가보지 않으면 결코 성스런 흐름에 든 자가 될 수 없다. 수다원은 반드시 수행과정을 거쳐야 한다. 위빠사나 열여섯 단계를 정확히 밟아 올라가 상카라의 평온의 지혜가 무르익어서 도의 정신과정이 일어나고 적어도 2자와나(속행) 또는 3자와나 이상은 닙바나를 보아야 한다. 여기서 분명해진 것은 그 도와 과를 깨달음이라고 하면, 지금까지 겪은 것처럼 용어에 혼란이 생긴다는 것을 확인할 수 있다.

도와 과를 증득하게 되면 거기에는 깨달음 같은 의식이 없다. 단지 도의 정신과정을 통해 괴로움을 주는 번뇌가 제거된다. 족쇄라고 할 만한 장애들로부터 해탈한다. 닙바나인 과는 말로 설명할 수 없을 정도로 청정하고 자유롭고 평화스럽다.

한국불교의 수행전통에는 중국에서 들어온 간화선의 깨달음에 대한 열망을 가지게 하고 있다. 간화선은 언하대오로 깨달음을 얻은 조사의 돈오사상을 신봉하면서 단박에 깨치는 한 소식을 고대하며 화두를 들고 있다. 그러나 간화선은 그 방법에 맞는 근기를 가진 사람에게는 깨달음이 일어나겠지만, 평범한 일반인들이 그렇게 단박에 깨치기는 쉽지 않아 보인다. 그래서 간화선 대중화에 어려움을 겪고 있는 것 같다. 아무튼 깨달음이라고 하는 것이 일어났다면, 그것이 사유의 전환인지 도의 정신과정이 일어나 닙바나가 체득된 것인지 스스로 확인되었을 것이다. 도의 정신과정이 일어났다면 성스런 흐름에 들게 되는데, 여기서 참나를 찾는다고 하는 것을 보면 닙바나와는 다른 것 같다. 닙바나에는 찾을 만한 어떤 나도 있지 않기 때문이다.

"죽는 순간까지 화두를 들면 도솔천 내원궁에 간다. 우리 모두 거기서 만나자!"

해제 날 큰스님이 이렇게 법문을 마치는 것을 보면 찰라삼매, 또는 근접삼매 상태로 욕계 천상의 신의 세상을 계속 생각하는 수행을 하는 것 같이도 보인다. 안거 중인 스님 가운데는 자칫 화두를 놓치고도 집중이 깊어져 빛이 뜨고 본삼매가 되어버리는 수도 있다고 한다. 그 상태를 잘 유지하다가 죽으면 욕계를 넘어 색계에 들게 되어 다음 생은 범천으로 가게 된다. 그런데 화두를 죽을 때까지 놓치지 말고 들라는 것은 도솔천 내원궁이 있는 욕계 천상이 최종 목표이니까 그 이상의 경지로는 가지 말라는 것과 같이도 들린다.

수행방법을 선택하는 것은 수행자에게 무엇보다 중요한 일이다. 자기에게 맞는 수행법을 만나는 것은 큰 행운인 것 같다. 우리 선배님들은 선 수행방법으로 간화선 외에 택할 수 있는 여지가 없었겠지만, 지금은 다양한 수행방법들이 도입되어 있어서 쉽게 접할수가 있다. 간화선이 맞는 사람은 화두를 참구하면 되지만, 그것이 자기 근기에 잘 맞지 않는 사람은 자기에게 맞는 수행법을 찾으면된다. 불법을 공부해서 깨달음이 생겼다면, 그것을 어떤 수행법으로 닦아야 닙바나로 갈 수 있을지 선택하는 것은 수행자에게 가장 중요한 과제라고 할 수 있다.

불법수행의 목적은 깨달음에만 머물지 않고 닙바나를 증득하는 것으로 가야 한다. 닙바나로 가는 과정은 수학공식처럼 순서에 따라 풀어가야 한다. 붓다께서는 개구리가 폴짝 뛰어서 나뭇잎에 올라앉듯 그렇게 단박에 되는 수행은 없다고 말씀하셨다. 니까야를 보면 순서에 맞게 단계화된 수행과정을 설하신 것을 볼 수 있다.

붓다의 수행법인 사마타 위빠사나 수행을 하게 되면 수행과정이 차례대로 단계화 되어 있어서 마치 계단을 밟고 올라가듯 누구나 쉽게 닦아갈 수 있다. 먼저 호흡을 보는 집중력 개발로 장애를 제거하고 선정에 들게 되면, 마음이 니밋따에 집중하고 있으므로 일상 의식으로부터 벗어난 상태가 된다. 다시 말하면 장애로부터 해탈해서 선정요소로 된 아름다운 마음으로 집중하게 된다. 그렇게 되면 이 선정의 집중력으로 위빠사나 지혜를 계발하는 단계로 넘어간다. 위빠사나도 열여섯 단계를 순서대로 밟아 가면 도의 정신과정이 일어나 닙바나를 보게 되는 일련의 프로세스로 되어 있다.

이렇게 증득하는 닙바나를 깨달음이라는 용어로 같이 쓰면 혼란이 생길 수밖에 없다. '불법을 잘 이해하는 것이 깨달음이다.'라고 하는 말은 맞지만, '불법을 잘 이해하여 깨달으면 수다원이 된다.'고 하는 것은 맞지 않다. 수다원은 닙바나를 증득하고 성스런 흐름에 든 수행자를 말한다. 깨달음은 수행을 하지 않아도 누구나 어디서든 얻을 수 있는 지식이지만, 수다원은 항상 성스런 흐름 속에서 과삼매에 드는 수행생활을 하며 보다 높은 도와 과로 향상일로(向上一路)하는 붓다의 제자를 말한다. 불교를 지식이나 학문으로 배워 깨달은 바가 있어도 그것은 불교의 세계와는 아무 관계가 없다. 닙바나는 지식으로 파악될 성질의 것이 아니라, 몸과 마음으로 체득하고 증득하는 진리인 것이다.

명상, 영적인 연금보험

명상을 하면 마음이 넓어지고 안정되어 여유가 생긴다.

따라서 편안한 마음으로 생활을 하게 되므로

정신적으로 연금을 타는 것과 같은 효과가 있다.

이 정신적 연금은 부으면서 바로 받는 특별한 혜택을 보장한다.

명상을 하면 자유로운 마음으로 평화롭고 행복하게 살다가

죽을 때도 그 마음 그대로 죽는다.

완전한 납바나에 들지 못하더라도 마음을 닦은 정도에 따라

다음 생으로 이어지므로 이 연금은 다음 생까지도 보장한다.

은퇴를 앞둔 사람들은 희망이 많다. 은퇴를 하면 자유로운 새 세상으로 나가 마음대로 살 수 있을 것으로 생각하기 때문이다. 직업에 얽매여 하고 싶어도 하지 못했던 일이 그 얼마나 많았던가! 직장 일을 하느라 미루어 놓았던 일 가운데 가장 해보고 싶은 일이 드문 경우일지 몰라도 수행인 사람도 있을 것이다. 그런 사람 부류에 나도 낄 수 있을지 모르겠다. 어찌하다 보니 퇴직 후에 다른 일은 관심이 없고 수행생활만 하고 지내니 말이다.

　직업이 업의 과보를 받는 것이라 생각하고 업무에 충실하며 참고 살아온 삶은 수행을 위한 준비과정이었다고 생각하면 후회되지 않는다. 괴롭고 힘들었던 경험들은 수행이 진전되는 데 밑거름이 되도록 번뇌를 썩혀서 퇴비로 만들면 된다. 퇴직 후 본격적으로 수행을 하게 되면 이제야말로 해야 할 일을 하는 것 같고, 인생의 성패를 결정짓는 본 경기에 임하는 것과도 같다.

　인간은 육체적으로는 진화할 만큼 했으나 정신적으로는 그렇지 못한 것 같다. 지식과 기술은 고도로 발전했으나, 지혜는 그렇게 성숙하지 못했다. 인간이 동물처럼 먹고 자고 생식이나 하면서 편히 살다 죽는 것으로 만족할 수는 없다. 과학이 발달해서 로봇은 발전시켜도 인간 자신은 지혜를 성장시키지 못하고 있다. 결국 사람이 해야 할 최고의 가치는 바로 정신적으로 진화하는 일이다. 고도로 발달한 과학을 만든 지식과 기술의 영역을 넘어 지혜의 진화를 해야 정말로 인간이 발전하는 것이 된다. 지혜의 진화는 인류가 진화하는 과정에서 마지막으로 할 수 있는 최고의 가치 있는 일이라고 할 수 있겠다.

인류가 지혜의 진화를 완성하는 방법은 다행스럽게도 한 가지 알려진 것이 있다. 이 방법은 누구나 실현 가능한 확실한 방법이다. 바로 붓다의 가르침대로 명상을 통하여 선정을 얻고 닙바나를 증득하는 방법이다. 이 방법은 인간의 본능적인 충동과 번뇌로 인한 괴로움으로부터 해탈하고 자유와 평화를 누리며 궁극적으로 행복한 삶을 사는 길이다.

인간은 자기 생각과 감정에 제약받아 착각하면서 살아간다. 자기가 생각해낸 욕망 추구와 가까운 몇 사람에게 애정을 갖도록 제한하는 감옥과 같은 영역에 갇혀 있는 것과 같다. 이 실상을 깨닫고 번뇌의 속박에서 벗어나려고 필사적으로 노력하는 행위가 명상수행이다. 명상으로 제한된 마음의 족쇄를 풀고 자유롭게 영역을 넓혀 모든 생명과 자연의 아름다움을 포용함으로써 이 감옥에서 빠져나오는 것이 되어야 한다. 이렇게 명상으로 닙바나를 증득하는 것은 인류가 다시 한 번 획기적으로 진화를 할 수 있는 방법이라고 할 수 있다.

　업보와 인연 따라 살다보니 여기까지 왔지만, 이제는 제 길을 찾아 진리의 삶으로 보람되게 살아가야 한다. 어쩌다 인연이 닿아 붓다의 수행법을 만나게 되어 이제는 여기에 전념할 수 있게 되었으니 정말 다행스러운 일이 아닐 수 없다. 정통 불법수행으로 이생에서 할 수 있는 가장 가치 있는 일을 하게 되었으니, 나의 버킷리스트 1번은 단연 명상이 되었다.

　명상을 하면 마음이 넓어지고 안정되어 여유가 생긴다. 따라서 편안한 마음으로 생활을 하게 되므로 정신적으로 연금을 타는 것과 같은 효과가 있다. 이 정신적 연금은 부으면서 바로 받는 특별한 혜택을 보장한다. 명상을 하면 자유로운 마음으로 평화롭고 행복하게 살다 죽을 때도 그 마음 그대로 죽는다. 완전한 닙바나에 들지 못하더라도 마음을 닦은 정도에 따라 다음 생으로 이어지므로 이 연금은 다음 생까지도 보장한다. 물론 수행한 만큼 다음 생은 이번 생보다 좋은 세상에 태어나는 일시금과 같은 혜택도 받는다. 다 같은 인생을 살다 가면서 어떤 사람이 수행을 해서 이러한 혜택을 받는 제도를 모르거나 무시하고 살다가 만약 죽을 때야 갈

라지는 것을 보고 알게 된다면 수행 못한 것을 얼마나 후회할지 모를 일이 아니겠는가.

　명상은 누구나 할 수 있다. 누구나 붓다의 가르침대로 차질 없이 정진한다면 닙바나를 볼 수 있고 모든 고통에서 벗어나 해탈할 수 있다. 한정된 생을 살다 가야 하는 사람에게 이보다 더 중요한 일이 어디 있겠는가. 누구나 죽기 전에 꼭 해야 할 일 중에 첫째는 명상이 되어야 할 것이다. 명상의 성공은 삶을 완성하는 것이며, 궁극적 행복으로 진화하는 것이다. 이것 하지 못하고 죽으면 이번 생 헛걸음하는 것이나 다름없다.

명상수행, 행복 포인트 적립

퇴직 후 수행을 하고부터는 내가 노력하면

노력한 만큼의 결과가 반드시 있다는 것을 스스로 알 수 있었다.

적금을 부었을 때 일 원의 차오도 없이 통장에 입금되는 것과 같이

수행은 한 만큼 적립되어졌다.

정년퇴직할 때까지 살아오면서 비교적 운이 없는 편이었던 나는 실패를 거듭하면서 괴로움을 참고 견뎌왔다. 퇴직 후 명상수행을 하고부터는 운에 관계없이 노력하면 한 만큼의 대가가 있었다고 여겨진다. 이것은 순전히 개인적인 일이어서 객관적으로 증명할 수 있도록 드러낼 수는 없지만, 스스로 수행으로 증득함으로써 확인한 것이다.

세속의 고달픈 생활 속에서 나름대로 계획하고 노력해봤지만, 나는 항상 허술하고 무른 데가 있었던 탓으로 경쟁에서 밀려 번번이 헛수고가 되었다. 그래서 슬픔과 탄식과 괴로움과 불만족과 절망의 세월을 보냈다고 해도 과언이 아니다. 그러다가 퇴직 후 수행을 하고부터는 그렇지가 않았다. 내가 노력하면 노력한 만큼의 결과가 반드시 있다는 것을 스스로 알 수 있었다. 적금을 부었을 때 일 원의 착오도 없이 통장에 입금되는 것과 같이 수행은 한 만큼 적립되어졌다.

내가 겪었던 고통과 해악들이 이제 와서 보니 고통스런 현실을 벗어나기를 원하며 법을 찾아 나서게 했던 힘의 원천이었다는 생각이 든다. 죽기보다 싫도록 지긋지긋하고 넌더리가 났던 기억들은 괴로움의 진리를 철저히 깨닫게 해주는 데 밑거름이 되었던 것 같다.

　사람들은 눈에 보이는 물질적인 것에 가치를 두고 살지만, 실은 눈에 보이지 않는 정신적인 것이 더 가치가 있다. 전쟁을 하는데도 무형의 정신전력을 병력과 무기같은 유형전력보다 두 배 이상 중요하게 고려한다. 그리고 물질적인 것은 가시화되어 임시적으로 있는 반면에, 정신적인 것은 물질과 상호 의존관계로 유지되지만 계속 성장하여 비약적으로 진화할 수 있다.

　나이 들고 노쇠해져도 정신은 계속 성장할 수 있다. 그러므로 나이 들고 사는 데 불편하지 않으면 노욕 같은 것 내려놓고 명상수행으로 고귀한 정신적인 삶을 찾을 필요가 있다. 언제 떠나갈지 모르는 삶의 끝자락에서 아직도 감각적 욕망에 휘둘려 세상을 즐기기 위해 남은 생을 낭비해서야 되겠는가. 세속의 욕망을 채우지 못한 것이 실패한 인생이 아니라, 해야 할 수행을 하지 않고 허망하게 죽는 것이야말로 정말 실패한 인생이 아닐까 생각한다.

　사람들은 남으로부터 인정받고 자신에 대해 확증된 증표를 갖고 싶어 한다. 그런 인정과 증표를 받는 것을 성공으로 생각하고 그런 성취감을 행복이라고 착각한다. 그래서 수행에 있어서도 깨달음을 점검받고 인가를 받고 싶어 한다. 그러나 수행해서 선정을 얻고 닙바나를 증득하는 것은 순전히 개인적인 일이므로, 어느 누구도 남의 수행정도를 인정하거나 보장할 수가 없다. 수행결과는 절대적인 것이므로 어디에 비교할 수도 없고, 수행자는 그런 것에 의지할 필요도 없다. 자신이 수행해서 증득한 경지만이 자신의 것이다. 스스로 얻은 경지를 만족하도록 닦고 계속된 수행으로 더 높은 단계로 성장하면 된다.

범부의 마음은 항상 분별(좋고 나쁨 등)을 하고 개념화된 마음이 망상에 사로잡혀 있어서 만족할 줄 모르므로 진정으로 행복할 수 없다. 정말 행복하려면 개념화된 분별심을 벗어나야 한다. 수행을 통해 마음의 장애를 제거하여 욕계의 마음이 색계, 무색계, 더 나아가 출세간 마음으로 확장되도록 해야 한다. 그래서 성스러운 마음이 되어야 한다. 성스러운 출세간의 마음에는 행복이란 개념도 없고, 행복을 바람도 없다. 갈애가 모두 사라지면 무지한 본능적 충동에서 벗어나 자유롭고 깨끗한 마음이 밝은 빛을 지니게 된다. 진정한 행복이라고 하면 이런 상태를 두고 말할 수 있을 것이다.

이러한 행복으로 가는 길은 남의 말을 듣거나 책을 보고 사유로 이해하는 것만으로는 목적지에 이르지 못한다. 오직 수행으로 변화를 겪어 넘어가야 한다. 수행과정은 선지식 도반의 인도를 받으면서 길을 닦고 스스로 체득해야 한다. 혼자만의 외로운 사투를 벌이기도 하고, 반복훈련으로 될 때까지 온 힘을 다하는 인고의 시간이 필요할 때도 있다.

이제 할 일이라고는 이 수행의 길을 일보라도 더 적립하는 것 말고 뭐가 있겠나. 할 일은 수행에 전념하여 닦아가는 데까지 가보는 도리밖에 없다. 이 길이야말로 괴로움을 소멸하고 닙바나에 이르는 유일한 길, 궁극적인 행복으로 가는 길이기 때문이다.

마음의 길도 한 걸음부터

단숨에 산꼭대기로 오르기는 어렵다.

지금 수행의 성과가 높지 않더라도 조급하게 생각 말아야 한다.

한 발 한 발 오르고 또 오르다 보면 못 오를 리 없다.

우선 마음에 오솔길이라도 내어 보자.

조용히 그 길을 다니다보면 자연히 피고 지는 들꽃도 보이고

계곡과 언덕의 정취도 만나게 될 것이다.

고따마 붓다께서 설하신 법은 수행자를 닙바나에 이르게 하는 것을 목적으로 하고 있다. 그 목적지에 이르기 위해서는 중도로 설하신 팔정도를 닦아야 한다. 팔정도는 자기의 몸과 마음으로 계·정·혜 삼학을 실천해야 한다. 이렇게 닦는 수행은 붓다께서 설하신 법을 사용해서 자신을 탐구하여 새로운 경험을 해보는 흥미진진하고 가치 있는 일이다.

마음에 새로운 길을 내어 그 길로 자꾸 가면 지금까지 경험하지 못했던 아름답고 신비로운 경지를 체득하게 된다. 그 탐험과정이 수행이라고 할 수 있다. 마음을 청정하게 하기 위해서 대부분의 수행자들은 먼저 호흡을 보는 명상을 하게 된다. 마음이 콧구멍과 윗입술 사이에 호흡이 접촉하는 자리에 위치해서 지나가는 호흡을 보는 데 집중해야 한다. 이 단순한 과정을 반복하면 길이 난다. 이 간단명료한 마음의 외길을 바르게 내어 자꾸 다니다보면 마음이 몰입되고 깨끗해진다.

이 길은 사람에 따라 아주 쉽게 바로 내는 사람이 있는가 하면, 무척 어렵게 내는 사람도 있다. 마치 험준한 산에 길을 내는 듯 악전고투를 하는 사람도 간혹 있다. 아무리 어렵고 힘들어도 자기 마음에 길을 내는 것은 자기만이 할 수 있다. 어느 누구도 도와줄 수 없다. 자기 마음에는 자기만이 들어갈 수 있고, 자기만이 다닐 수 있는 길을 스스로 닦아서 자기가 다녀야 하기 때문이다.

 마음은 길이 난 곳으로 잘 다닌다. 의도하지 않고 가만히 있어도 마음은 쉬지 않고 여기저기 여섯 문의 길에 나타나는 대상을 따라 다닌다. 마음이 자꾸 가는 곳은 자주 다녀봐서 길이 잘난 곳이다. 그곳에는 마음을 끄는 대상이 있기 때문이다. 그 대상이 호흡이고 빛이 되어야 한다. 그래서 마음을 닦는 것은 반복훈련을 통해 원하는 곳으로 마음이 저절로 다닐 수 있도록 길이 나게 하는 것과 같다. 그렇게 훈련이 잘되어 길이 잘 나면 무심코 있어도 그 길로 마음이 빛을 찾아가게 되는 것이다.

 수행자는 붓다께서 가르쳐주신 방법을 사용해서 자기 마음 가운데 먼저 집중으로 한 길을 내고 그 길을 잘 닦아서 선정이라는 봉우리로 올라가야 한다. 선정을 얻기 위해 수없이 반복해서 호흡을 보는 길을 닦으면, 마음이 다른 곳으로 가지 않고 그 길로만 자꾸 가서 집중된 상태를 오래 유지하게 된다.

 그렇게 되면 관심을 받지 못하고 멀어지고 잊혀져있던 장애들이 시들게 된다. 이와 같이 한 대상에 일으킨 마음을 유지함으로써,

장애가 제거된 마음에는 밝음이 생기고 기쁨과 행복한 마음이 선정을 이루게 된다. 이렇게 강화된 집중력은 마음을 밝은 지혜의 빛으로 넓힌다. 수행이 진전됨에 따라 그 빛으로 법을 밝혀 있는 그대로 통찰할 수 있게 된다.

마음에 길을 내는 데는 '천리 길도 한 걸음부터'라는 속담처럼 한 걸음 한 걸음이 중요하다. 한 걸음들이 쌓여서 길이 만들어지기 때문이다. 가다가 이렇게 가면 되는지, 제대로 가고 있는지 잘 모를 때는 경험 있는 도반에게 물어보면 된다. 처음 가는 길에는 그 길을 가본 사람에게 물어보는 것이 무엇보다 중요하다.

그런데 어떤 수행자는 출발도 제대로 하지 않고, 가는 길만 이리저리 알아보고 다니는 것을 보게 된다. 아마 지름길을 찾아 쉽게 가려고 머리를 굴리고 있는 것 같아 보이기도 한다. 아무리 훌륭한 선지식을 찾아봐도 붓다의 수행법에는 지름길이 없는데 무슨 비법이 있을 리 없고, 타력으로 구제하는 능력 같은 것은 원래 사람에게는 없으니 어느 누구도 데려다 줄 수 없다. 붓다도 '나는 다만 길을 가르쳐 줄 뿐'이라고 했다. 수행자는 모름지기 묵묵히 자기 길을 닦아나가는 실행에 집중하는 것이 바람직하다.

자기 마음에는 오직 자기가 길을 내는 수밖에 없다. 도움말은 꼭 필요할 때 최소한의 조언으로 최대한의 효과를 얻도록 해야 한다. 지게에 짐을 지고 일어설 때 너무 무거워 오금을 펴기가 어려울 때가 있다. 한쪽 무릎은 겨우 세우고 버둥대고 있을 때 누가 손가락 하나의 힘만으로 밀어줘도 벌떡 일어서서 갈 수 있다. 이처럼 도움은 절실히 필요할 때 청하고 도와줘야 효과가 있다. 아예 지게 목발도 떼놓지 않고 도와달라고 하면 두 손으로 떠받들어줘도 일어서기는커녕 중심을 잡지 못하고 지게마저 넘어지고 만다.

수행하는 데 자기에게 알맞고 편리한 길부터 닦아가야 한다. 산을 오를 때도 평지를 출발해서 점점 오르막을 오르게 되는 것을 경험한다. 단숨에 산꼭대기로 오르기는 어렵다. 지금 수행의 성과가 높지 않더라도 조급하게 생각하지 말아야 한다. 한 발 한 발 오르고 또 오르다 보면 못 오를 리 없다. 우선 마음에 오솔길이라도 내어 보자. 조용히 그 길을 다니다보면 자연히 피고 지는 들꽃도 보이고 계곡과 언덕의 정취도 만나게 될 것이다.

마음공부도 히말라야 등반처럼

닙바나도 자기가 열심히 닦고 원한다고 해서 바로 보이는 것이 아니다.

한 걸음 한 걸음 히말라야를 오르듯이 꾸준히 닦다보면

위빠사나 지혜가 차츰 성숙되어 상카라의 평온의 지혜가 깊어지고

자연적으로 인연들의 도움이 작용하여

자신도 모르게 한순간 도의 정신과정이 일어나게 된다.

히말라야 등반대가 산 정상을 오르는 과정을 TV 다큐멘터리로 본 적이 있다. 먼저 등반대를 편성하고 훈련을 충분히 한 다음 현지로 가서 장비를 잔뜩 짊어지고 산 중턱까지 올라갔다. 정상이 바라보이는 비교적 안전한 곳에 베이스캠프를 설치하고 고도적응과 정상 공격을 위한 제반사항을 점검하는 것을 볼 수 있었다. 사마타 위빠사나 수행과정에 비유하자면 여기까지가 계행으로 몸과 마음을 정비하는 것과 같고, 선정을 닦아 수행력을 구비하는 것은 등반에 필요한 능력과 장비를 갖추는 것과 같다고 해볼 수 있겠다.

베이스캠프에 상당 기간 머물면서 고도적응을 하고 정상을 바라보며 올라갈 방법을 연구하면서 조금 올라갔다가는 내려오기를 반복했다. 그렇게 차츰 고도를 높이며 오르다가 내려오기를 조심스럽게 여러 번 반복훈련을 했다. 이것을 수행으로 말하면 사선정에 머물면서 도와 과라는 정상을 향해 위빠사나를 하여 대상을 무상·고·무아로 거듭 식별하는 것과 비교해 볼 수 있겠다.

그렇게 하다 보니 여러 번 시행착오를 겪으면서 점점 숙련이 되었다. 고도적응과 진로가 충분히 확보되고 제반 여건이 갖추어져 갔다. 이렇게 모든 준비가 되었는데도 바로 정상에 오르지 않고 때를 기다렸다. 수시로 변하는 기상을 잘 살펴보다가 안전이 최대한 보장되는 기회를 만났을 때, 드디어 있는 역량을 모두 집중해서 정상으로 올라가 깃발을 꽂고 만세를 부르는 것을 볼 수 있었다. 이 과정은 위빠사나 수행에서 지혜가 점점 성숙되어 상카라의 평온이 깊어져 한순간 도의 정신과정이 일어나 닙바나를 보게 되는 것과 비유해 볼 수 있을 것 같았다.

등반장비를 갖추고 베이스캠프를 점령하는 것을 선정에 비유한 것은 위빠사나로 도와 과를 성취할 수 있는 도구를 준비하고 능력을 갖추는 것이 비슷하기 때문이다. 베이스캠프에서 휴식을 취하는 것처럼 위빠사나 수행을 하다 힘이 들면 사선정에서 쉬었다 하기를 반복하는 것도 비슷하다. 드디어 모든 조건이 충족되었을 때 정상에 오르는 것은, 위빠사나 지혜가 성숙되어 상카라의 평온의 지혜가 깊어졌을 때 도의 정신과정이 일어나 닙바나에 들게 되는 것과 유사해 보였다.

그렇게 차근차근 한 걸음씩 조심스럽게 올라가 천신만고 끝에 더 오를 데가 없는 것을 확인한 대원은 말했다.

"제가 산을 정복한 것이 아니고, 산이 저를 허락하고 받아준 것이라고 생각합니다."

산은 공격하여 정복하는 대상이 아니라 간절한 마음으로 정성을 다해 참고 견디고 기다리며 오르고 또 오르다 보면 감응한 산이 받아줘서 한 번 그 품에 안겨본 것처럼 조심스럽게 말했다.

닙바나도 자기가 열심히 닦고 원한다고 해서 바로 보이는 것이 아니다. 한 걸음 한 걸음 히말라야를 오르듯이 꾸준히 닦다 보면 위빠사나 지혜가 차츰 성숙되어 상카라의 평온의 지혜가 깊어지고 자연적으로 인연들의 도움이 작용하여 자신도 모르게 한순간 도의 정신과정이 일어나게 된다. 의도하고 노력한다고 해서 되는 일만은 아니라고 해야 할 것이다. 의욕이 넘친 등반대원이 자연의 환경 여건에 순응하지 못하고 무리하게 등정하다가 산악사고가 나는 예도 있지 않던가. 모름지기 묵묵히 수행하면서 견디고 참고 기다리다 보면 자연적으로 조건이 맞아 떨어질 때가 올 것이다.

노련한 등반대원이 한 걸음 한 걸음 조심스럽게 오르는 연습을 하다가 한 번의 기회를 만나 히말라야 정상에 오르듯, 우리 수행도 자꾸 닦다 보면 인연이 맞아서 도의 정신과정이 일어나 어느 한순간 닙바나에 들 때가 있을 것이다.

등반과 수행이 다른 점은 히말라야 정상에는 한 번 올라갔다가 내려오면 평생에 또다시 오르기는 쉽지 않다. 다만 기록과 기억이 남아있을 뿐이다. 그러나 닙바나는 한 번 오르고 나면 마음에 그곳으로 가는 길이 나서 언제 어디서든 눈을 감고 위빠사나의 단계를 밟아 가면 바로 거기에 또 올라가게 된다. 그리고 정상에 오르느라 체력이 바닥나고 날씨가 변덕부릴까봐 곧바로 내려와야 하는 등반과는 달리 거기서 얼마든지 머물 수도 있다. 닙바나의 청정한 과삼매에 들어 머무는 것은 얼마든지 자유롭다. 닙바나를 유지하여 머무는 마음 상태인 과삼매는 자기가 오른 가장 높은 봉우리에만 올라가는 특징도 있다. 보잘 것 없는 토굴에 있는 수행자가 히말라야 정상에서 만세 부르는 마음상태로 머물고 있다는 것을 상상해 보라! 히말라야로 가는 것보다 명상을 하는 것이 더 신나고 안전한 탐험이라고 해도 되지 않을까?

닙바나, 반드시 이번 생에서 이루어야 할

사마나는 법을 얻기 위해 모든 것을 바칠 각오를 한 사람입니다.

어물쩍 한 발은 세속의 풍진에 둔 채로 기회를 엿봐서는 안 됩니다.

수행에 전념해서 단순하고 깨어있는 삶이 되어야 합니다.

저는 뒤늦게 이런 것을 깨닫고 정년퇴직 후 한거하는 독실한 수행자가 되었습니다.

그냥 죽을 때까지 사는 늙은이가 되지 않고

수행생활로 도와 과를 성취다가 죽기로 작정을 했습니다.

초기불교의 목적

초기불교는 붓다께서 성도하신 후 백 년 동안의 기간에 있었던 불교를 말합니다. 붓다로부터 가르침을 직접 받은 제자가 살아있었던 때까지가 되겠습니다. 이때 불교는 중생의 괴로움을 해소해주는 데 주력했습니다. 그것은 수행을 통해 닙바나를 봄으로써 이루어졌습니다.

그 후 이천오백 년이 지난 오늘날 불교는 많이 변해 있습니다. 세월이 흐르고 불교가 전파되면서 여러 지역의 문화와 융합하며 변천했습니다. 지금 우리나라의 불교는 얼마나 변해있는지 초기불교를 공부하는 여러분들도 잘 아실 것입니다. 길을 가다가 혼란이 생겨 어디로 갈지 잘 모르면, 일단 걸음을 멈추고 왔던 길을 되돌아보고 출발했던 곳에서부터 방향을 찾으면 됩니다. 굴곡이 많은 길을 걸어온 우리나라 불교도 여기서 한 번 되돌아봐야 할 때가 아닌가 합니다. 오랜 세월 동안 멀리까지 온 불교가 얼마나 변천을 했는지 보려면 그 뿌리로 돌아가 근본부터 확인해보면 알 수가 있을 것입니다.

붓다께서 "와서 보라."고 하신 것은 바로 닙바나를 보라고 하신 것입니다. 닙바나를 봐야만 마음을 정화하고 현상을 있는 그대로 볼수 있기 때문입니다. 닙바나를 처음 보게 되면 쏘타파나(sotāpanna)가 됩니다. 한문으로 음사해서 수다원(須陀洹)이라고 하며 성스런 흐름에 들었다고 해서 예류과(預流果)라고도 합니다. 일단 성스런 흐름에 들면, 다른 흐름으로 가지 않고 반드시 그 흐름을 따라가 완전한 닙바나를 이루게 됩니다. 그래서 수행자는 일단 수다원이 되어야 합니다. 한 번이라도 닙바나를 본 사람이라야만 사쌍팔배(四雙八輩)에 든 붓다의 제자가 되었습니다. 초기불교에서는 모두 닙바나를 보기 위해 수행했고, 수많은 수행자들이 성취했습니다.

그런데 우리나라에서는 닙바나를 한문으로 음사하여 '열반(涅槃)'이라고 하며 많은 불자들이 죽음을 뜻하는 것으로 오해하고 있습니다. 그래서 열반에 들어야 한다고 하면, 죽음을 연상하고 금기시하고 있습니다. 붓다께서는 닙바나가 죽음을 뜻한다고 하신 일이 없습니다. 지금 여기서 닙바나를 보고 괴로움에서 벗어나 행복한 삶을 살아야 한다고 하셨습니다. 현법열반을 설하셨지 사후열반을 말씀하신 일이 없습니다. 붓다의 가르침은 현재의 삶을 위한 것이지 죽은 자를 위한 것이 아닙니다. 살아서 닙바나를 보지 못한 자가 죽어서 열반하는 법은 없습니다.

붓다는 출가하시기 전에 브라만들의 제사의식에 참을 수 없는 회의를 품기도 했습니다. 상상속의 신에게 빈다고 복을 주거나 죽은 자가 좋은 데 가는 것이 아니기 때문입니다. 죽은 자가 제사나 기도로 천도될 수 없고 오직 이생에 지은 업대로 갈 뿐입니다. 수행자는 닙바나를 목적으로 하지 다음 생을 도모하기 위한 수행을 하지 않습니다. 수행을 하면 선업이 많이 쌓이므로 완전한 닙바나에 못 들더라도 부수적으로 받는 것이 다음 생입니다. 닙바나는 어디까지나 현세의 목표요, 현세에서 실현해야 하는 불법수행의 목적입니다.

그런데 여러분들도 불교공부를 많이 하신 것으로 보이는데, 닙바나를 보셨습니까? 아직도 닙바나로 가시지 못하셨다면 어떻게 해야 하겠습니까? 복잡하게 생각할 것 없습니다. 우리가 할 수 있는 것은 단 한 가지 방법밖에 없습니다. 오직 붓다께서 가르쳐 주신대로 수행하면 됩니다. 이렇게 생각하고 붓다의 수행법을 믿어야 합니다. 불교를 믿는다고 하는 것은 붓다라는 신을 믿는 것이 아니고 바로 붓다의 가르침대로 수행하면 닙바나를 증득할 수 있다는 것을 믿는 것입니다.

우리가 지금도 붓다의 가르침대로 수행만 하면 분명히 도와 과를 얻게 되어있습니다. 붓다와 그의 제자들이 수행했던 것과 꼭 같은 방법으로 하기 때문에 그렇게 되지 않을 수 없습니다. 다행스럽게도 초기불교의 수행법을 지금까지 그대로 전수해 왔기 때문입니다. 그것은 상좌부에서 붓다의 제자가 제자에게로 계속 이어온 정통 불법입니다. 그것은 어느 시대에서든 똑같이 명상으로 증명되는 깨달음의 과학이기 때문입니다. 누구나 제대로 수행만 한다면 닙바나를 증득할 수 있으며, 우리 생활 자체가 닙바나 상태가 될 수 있습니다. 닙바나는 인류가 이상으로 추구하는 궁극적 행복으로 진화하는 것입니다.

초기불교의 수행법

붓다의 수행법은 닙바나에 드는 방법에 대한 가르침입니다. 닙바나를 실현하는 데 필요한 수행은 사마타와 위빠사나입니다. 붓다께서는 괴로움을 완전하게 끝내려면 사성제를 자신이 직접 체험적인 지혜를 통해 꿰뚫어야 한다고 했습니다. 직접적인 지혜로 닦아야 한다는 것은, 사마타 수행으로 삼매에 들어 집중된 마음으로 상카라들을 꿰뚫어보고 식별하는 지혜를 말합니다. 그것은 곧 궁극적 정신과 물질, 그리고 그것들의 조건을 식별하는 통찰지를 말합니다.

니까야에 나오는 수행법들을 해설한 주석서인 청정도론에 사마타 수행은 선정을 얻을 수 있는 방법 사십 가지가 있으며, 위빠사나 수행은 정신과 물질 및 그 원인을 식별하는 지혜를 닦는 방법으로 십육 단계로 되어있습니다. 그러면 사마타 수행을 먼저 알아보고 위빠사나 수행에 대해 알아보겠습니다.

청정도론에서 심청정이라고 하는 삼매는 모두 여덟 가지의 증득이 있는데, 색계선정 네 가지와 무색계 선정 네 가지가 되겠습니다. 이 여덟 가지는 모두 본삼매를 말합니다. 한편 근접삼매를 심청정에 포함하기도 하는데, 이때의 근접삼매란 본삼매에 들기 바로 전에 해당하는 집중의 정도를 말합니다.

사마타를 닦는 것은 집중력을 높이기 위한 것입니다. 집중이 깊어지면 마음이 밝아지다가 빛이 뜹니다. 이 빛은 선정의 힘 때문에 매우 밝고 빛나며 번쩍거립니다. 이것을 붓다께서는 지혜의 빛이라 하셨습니다. 이 빛을 이용해서 궁극적 물질과 정신, 그리고 그것들의 원인을 식별할 수 있습니다. 그래서 붓다께서는 통찰의 토대가 되는 선정이라고 하셨습니다.

흔히 선정을 닦지 않고 바로 위빠사나 수행을 하는 경우를 보는데, 이것은 토대를 마련하지 않고 집을 지으려는 것과 같아서 이루어질 수 없는 일로 도와 과를 얻으려면 언젠가는 그 과정에서 사마타를 닦아야만 합니다. 그러므로 순서에 맞게 먼저 위빠사나의 토대가 되는 선정부터 확고히 닦는 것이 효과적입니다.

선정을 얻는 사마타 수행은 붓다께서 수행자의 근기에 따라 백가지도 넘게 설한 것이 니까야에 나옵니다. 이것을 유사한 것은 통합하여 청정도론에 사십 가지로 정리해 놓았습니다. 이 사십 가지를 체계적으로 수행할 수 있도록 순서를 만들어 수행하는 곳이 테라와다의 명상센터들입니다. 제가 수행을 배운 파욱명상센터는 특히 사마타 수행을 체계적으로 해서 위빠사나를 효과적으로 닦을 수 있도록 단계별 과제를 정해 가르치는 대표적인 곳입니다. 그 수행 매뉴얼을 순서대로 간단히 소개하겠습니다. 이것은 우리가 수행해야 할 과정이며 도와 과에 이를 수 있는 노정입니다.

사마타 수행은 모두 근접삼매와 본삼매를 얻는 방법입니다. 다시 말하면 선정을 얻는 방법으로 수행자의 다양한 근기에 따라 선택할 수 있는 기술입니다. 어느 방법을 닦아도 도달하는 것은 근접삼매거나 본삼매 여덟 가지 선정에 해당할 것입니다.

선정을 얻는 방법 중에 일반적으로 누구나 할 수 있고 표준이 되는 방법이 호흡명상입니다. 누구나 항상 쉬고 있는 들숨날숨을 관찰하는 방법으로 시작하는 것입니다. 사마타 수행을 할 때는 호흡명상으로 시작하는 것이 유리하고 성공 확률이 가장 높습니다. 일단 호흡명상으로 선정을 얻으면 다른 방법으로 선정을 얻는 데 연계가 될 뿐만 아니라, 위빠사나 수행에도 확실한 토대가 되기 때문입니다.

선정을 얻기 위해서는 조용한 장소에서 가부좌나 반가부좌로 앉거나, 그 자세가 숙달되지 않아 불편하면 평좌나 양반자세로 편히 앉아서 눈을 감고 입은 편하게 다물고서 호흡을 봅니다. 호흡은 쉬어지는 대로 자연호흡을 봐야 합니다. 윗입술과 콧구멍 사이에 들숨날숨이 스치는 지점에 마음을 위치시키고 그 위로 지나가는 숨을 봅니다. 숨이 접촉점을 지날 때 숨이 길면 길다고 보고 짧으면 짧다고 단순하게 개념으로만 봐야 합니다. 다음은 숨이 접촉점을 지나가는 전 과정을 봐야 합니다. 그 다음은 호흡을 고요하고 평온하게 쉬며 미세한 호흡을 봅니다. 이렇게 호흡에 대한 마음챙김이 깊어지면 집중력이 생깁니다.

집중이 깊어진 상태로 호흡을 알아차리다보면 니밋따(표상)가 나타나게 됩니다. 들숨날숨을 통해 집중이 깊어지면 집중된 마음 때문에 셀 수도 없는 마음이 만들어낸 깔라빠들이 온몸에 퍼져 나가게 됩니다. 깔라빠는 궁극적 물질이 들어있는 작은 입자로서, 집중력에 의해 장애가 제거됨으로써 볼 수 있게 된 것입니다. 마음에서 만들어진 깔라빠들의 색은 불의 요소 때문에 밝게 빛납니다. 이 밝게 빛나는 깔라빠 무리가 덩어리로 보이는 것이 니밋따입니다.

니밋따는 사람마다 다르게 나타나는데, 이는 호흡수행을 하는 수행자들의 인식체계가 서로 다르기 때문입니다. 그래서 수행자들은 서로 다른 색깔과 모양의 니밋따를 보게 됩니다. 대부분의 경우 회색빛의 연기와 같은 준비표상이 뜨는 것을 볼 수 있습니다. 이렇게 집중이 계속 깊어져 목화솜 같이 하얗게 되면 익힌 표상이 됩니다. 이 두 가지 니밋따들은 빛이 흐릿하고 불투명합니다. 하지만 집중이 깊어지면 점점 밝게 빛나기 시작해서 새벽별처럼 깨끗해집니다. 이것이 닮은 표상입니다. 이것은 깊은 삼매인 본삼매의 대상입니다. 본삼매가 되기 전의 닮은 표상을 근접삼매라고 합니다.

호흡 니밋따는 오직 접촉점에서 호흡과 함께 나타납니다. 집중이 더 깊어지면 확고하고 안정적으로 되면서 마침내 호흡과 니밋따가 하나로 통합됩니다. 여기서 집중이 더 깊어지면 니밋따만 보게 되고 마침내 선정에 들게 됩니다.

초선정은 다섯 가지 장애가 제거되고, 대신 다섯 가지 선정요소가 되어야 합니다. 다섯 가지 장애는 감각적 욕망, 악의, 해태와 졸음, 들뜸과 후회, 의심입니다. 삼매가 깊어져 닮은 표상에 세 시간혹은 두 시간 이상 집중할 수 있게 되면 선정의 다섯 요소가 식별됩니다. 일으킨 생각, 지속적인 고찰, 희열, 행복, 집중, 이런 선정의 요소들은 초선정의 마음과 함께 일어나는 마음부수들입니다.

세 시간 혹은 두 시간 이상 선정에 머물 수 있다면, 다섯 가지 자유 자재함을 닦아야 합니다. 언제 어디서든지 쉽게 선정에 들 수있어야 하고, 원하는 만큼 선정에 들어 쉽게 머물 수 있어야 하며, 원하는 시간에 선정에서 때 맞춰 나올 수 있어야 하고, 원하는 순간에 선정의 요소들로 쉽게 전향할 수 있어야 하며, 선정의 요소들에 대한 반조를 바로 할 수 있어야 합니다. 이렇게 다섯 가지가 초선정에서 자유 자재하도록 숙달되면 이선정으로 넘어갑니다.

초선정에서 이선정으로 가는 구체적인 방법은 실제 수행을 하면서 알아보도록 하고, 여기서는 선정요소만 살펴보도록 하겠습니다. 이선정은 초선정의 선정요소에서 일으킨 생각과 지속적인 고

찰이라는 두 거친 선정요소를 제거하면 되고, 삼선정은 이선정의 선정요소에서 희열이라는 요소를 더 제거하고 행복과 집중 두 요소만 가지며, 사선정은 행복이라는 요소를 평온으로 바꾸어서 평온과 집중 요소만 있는 상태를 말합니다.

이렇게 사선정을 얻게 되면 바로 사대수행을 해서 깔라빠를 식별하여 위빠사나 수행을 할 수도 있으나 파욱명상센터에서는 사마타 수행을 더 숙달해서 집중력을 강화하도록 지도합니다.

사선정에 들어서 그 빛이 밝게 빛날 때 그 빛을 이용해서 몸을 삼십이상으로 봅니다. 몸의 각 부분을 보면서 혐오스러움을 식별하고, 혐오감에 집중하여 초선정을 얻습니다. 그 다음은 삼십이상의 한 부분인 뼈에 집중하여 삼매의 빛을 시방으로 보내 사람과 동물의 뼈만 보는 수행을 합니다. 그리고 삼십이상의 각 부분의 색깔을 취해 까시나 명상을 할 수 있습니다. 뼈의 흰색을 취해서 흰색 까시나를 하고, 담즙의 색으로 푸른색 까시나, 방광의 오줌의 색으로 노란색 까시나, 심장의 피의 색을 취해 붉은색 까시나를 하며, 땅·물·불·바람의 사대와 빛과 허공 까시나까지 열 가지 까시나를 합니다. 그 다음은 까시나마다 사선정을 얻고, 그 물질을 제거하여 무색계 선정을 공무변처, 식무변처, 무소유처, 비상비비상처까지 차례로 닦습니다. 허공 까시나는 제거할 물질이 허공이므로 무색계 선정을 할 수 없습니다.

이렇게 여덟 가지 선정을 모두 닦고 나서 네 가지 거룩한 마음가짐을 자애, 연민, 같이 기뻐함은 삼선정까지, 평온은 사선정까지 닦을 수 있습니다. 그 다음은 네 가지 보호명상을 닦게 되는데, 수행자를 갖가지 위험으로부터 보호해 주기 때문에 보호명상이라고 합니다. 이미 닦은 자애명상을 포함해서 붓다를 계속 생각함과 혐오스러움에 대한 명상, 죽음에 대한 명상입니다. 그 다음은 사마타 수행 마지막으로 위빠사나를 하기 위해 물질을 깔라빠로 보는 사대수행을 하게 됩니다.

사마타 수행을 만족하게 닦은 수행자는 위빠사나 수행을 하게 됩니다. 위빠사나 수행은 열여섯 단계 지혜수행을 순서대로 해야 합니다. 첫째는 정신과 물질을 식별하는 지혜, 둘째는 조건을 파악하는 지혜, 셋째는 분명한 이해의 지혜, 넷째는 일어남과 사라짐의 지혜, 다섯째는 무너짐의 지혜, 여섯째는 공포의 지혜, 일곱째는 위험의 지혜, 여덟째는 염오의 지혜, 아홉째는 해탈하기를 원하는 지혜, 열째는 숙고하는 지혜, 열한 번째는 상카라의 평온의 지혜, 열두 번째는 수순하는 지혜, 열세 번째는 종성의 지혜, 열네 번째는 도의 지혜, 열다섯 번째는 과의 지혜, 열여섯 번째는 반조의 지혜로 되어있습니다. 이와 같은 과정을 충실히 닦는다면 도의 정신 과정이 일어나 닙바나를 보게 됩니다. 이 과정은 수학공식과도 같아 자신의 정신과 물질에 대입해서 정확히 풀어나가면 신비하게도 도와 과가 일어나서 성스러운 흐름에 들 수가 있습니다.

수행자의 마음가짐

법구경 게송 178번 이야기에 이런 내용이 있습니다. 장자 아나타삔디까는 아들 깔라가 놀기만 좋아하고, 붓다께서 집에 오셔도 만나 보려고도 하지 않고 법문을 들으려고 하지도 않아서 다른 방법을 강구합니다. 제따와나에 가서 붓다의 법문을 듣고 오면 아들이 좋아하는 돈을 주겠다고 제의해서 법문을 듣게 합니다. 깔라는 돈을 목적으로 갔지만 붓다의 법문을 듣다가 깨우치게 되어서 수다원과를 성취하게 되었다는 이야깁니다. 이때 이들 부자를 보고 붓다께서 게송을 읊어주셨습니다.

제국의 황제가 되는 것보다 하늘의 영광을 얻는 것보다 우주의 지배자가 되는 것보다 수다원과를 성취하는 것이 더

욱 값지다.(법구경 게송 178번)

수다원과를 성취하는 것은 전륜성왕이 얻은 것을 능가하고, 천신
들이 얻은 것을 능가하고, 범천의 신들이 얻은 것을 능가한다는 뜻
입니다. 수다원이 되는 것보다 더 가치 있는 것은 삼계의 어느 세
상에도 없다는 이야깁니다. 그러면 사람이 할 수 있는 일로서 수다
원이 되는 것보다 더 중요한 것은 없지요. 우리도 어떻게든 수다원
이 되어야 하지 않겠습니까?

그러면 누가 수다원이 될 수 있겠습니까? 그것을 이루었던 붓다
와 그의 제자들은 어떤 사람들이었던가를 보면 알 수 있습니다. 그
들은 자유롭게 수행하는 출리가 된 사람들이었습니다. 그들은 붓
다를 중심으로 모인 사문이라고 한문으로 음사한 사마나들이었습
니다. 그들은 사문법으로 사문과를 얻었습니다. 사문법은 팔정도
를 말하며 사문과는 사과, 즉 수다원, 사다함, 아나함, 아라한을 말
합니다.

지금 이 시대에는 누가 수다원이 될 수 있겠습니까?
오늘날의 사마나는 누가 되어야 하겠습니까?
바로 여러분입니다. 초기불교 경전을 보고 법을 탐구하고 자신을

훈련시켜 직접 법을 체득하는 수행자, 바로 여기 모여 있는 사마나들입니다. 여러분 서원하시기 바랍니다. 사마나의 길을 걸어가서 수다원이 되겠다고.

지금 수다원이 될 수 있는 절호의 기회를 만난 우리는 사마나가 되어 이번 생에 반드시 성취하겠다고 서원해야 합니다. 신명이 다하도록 노력해서 꼭 이루어야만 할 생애의 유일한 임무라고 생각해야 할 것입니다. 인생의 성패가 달린 가장 중요한 일입니다. 아무리 부자로 살고 명성이 높고 업적이 많아도 수행을 하지 못하고 죽으면 실패한 인생이 되고 맙니다.

사마나는 법을 얻기 위해 모든 것을 바칠 각오를 한 사람입니다. 어물쩍 한 발은 세속의 풍진에 둔 채로 기회를 엿봐서는 안 됩니다. 수행에 전념해서 단순하고 깨어있는 삶이 되어야 합니다. 저는 뒤늦게 이런 것을 깨닫고 정년퇴직 후 한거하는 독실한 수행자가 되었습니다. 그냥 죽을 때까지 사는 늙은이가 되지 않고 수행생활로 도와 과를 성취다가 죽기로 작정을 했습니다. 아까운 생명을 낭비하는 무지에서 벗어나야 합니다.

여러분! 시간을 무가치한 일에 낭비하지 말아야 합니다. 초기불교를 배우는 지금이 바로 도와 과를 성취할 때이지 다른 시절이 따로 있지 않습니다. 서원부터 굳건히 세워야 합니다. 지금 여기서 수다원이 되겠다고 서원하시겠습니까? 수다원이 되실 분은 합장을 해보시기 바랍니다.

모두 다 합장을 하셨습니다. 이 발심, 닙바나로 꼭 이어지기를 기원합니다! 됐습니다. 이 간절한 서원은 반드시 이루어질 것으로 믿습니다. 우리 모두 지금 여기서 출리하여 수행에 전념하는 사마나가 되어 반드시 성스런 흐름에 듭시다.

– 이 글은 2017년 4월 동국대학교 경주캠퍼스 평생교육원의 '초기불교 근본 이론과 실참 수행법'이라는 과목 교육에 참여해서 발표했던 내용입니다.

뿌
리
에
서
꽃
을
보
다

초 판 1 쇄   2018년 4월 28일
지 은 이   김정희
펴 낸 이   한효정
기   획   박자연
펴 낸 곳   푸른향기
디 자 인   화목
마 케 팅   유인철

출판등록   2004년 9월 16일 제 320-2004-54호
주   소   서울 영등포구 선유로 43가길 24 104-1002 (07210)
이 메 일   prunbook@naver.com
전화번호   02-2671-5663
팩   스   02-2671-5662
홈페이지   prunbook.com | facebook.com/prunbook | instagram.com/prunbook

978-89-6782-073-2 03220
ⓒ 김정희, 2018, Printed in Korea

값 13,800원

이 도서의 국립중앙도서관 출판예정도서목록(CIP)은 서지정보유통지원시스템 홈페이지(http://seoji.nl.go.kr)와
국가자료공동목록시스템(http://www.nl.go.kr/kolisnet)에서 이용하실 수 있습니다.
CIP제어번호 : CIP2018011854